HARRY EILENSTEIN

KURSUS DER PRAKTISCHEN KABALLA
DIE LOGIK DER ANALOGIE. Eine Anleitung zum
praktischen Gebrauch des Lebensbaumes

mit einem Vorwort von
Frater V.·. D.·.

Bücher von Harry Eilenstein:

- Astrologie (496 S.)
- Photo-Astrologie (428 S.)
- Handbuch für Zauberlehrlinge (408 S.)
- Der Lebenskraftkörper (230 S.)
- Die Chakren (100 S.)
- Meditation (140 S.)
- Drachenfeuer (124 S.)
- Krafttiere – Tiergöttinnen – Tiertänze (116 S.)
- Tarot (108 S.)
- Schwitzhütten (524 S.)
- Totempfähle (436 S.)
- Muttergöttin und Schamanen (168 S.)
- Göbekli Tepe (472 S.)
- Hathor und Re:
    Band 1: Götter und Mythen im Alten Ägypten (432 S.)
    Band 2: Die altägyptische Religion – Ursprünge, Kult und Magie (396 S.)
- Isis (508 S.)
- Die Entwicklung der indogermanischen Religionen (700 S.)
- Wurzeln und Zweige der indogermanischen Religion (224 S.)
- Der Kessel von Gundestrup (220 S.)
- Cernunnos (690 S.)
- Christus (60 S.)
- Odin (300 S.)
- Kursus der praktischen Kabbala (150 S.)
- Eltern der Erde (450 S.)
- Blüten des Lebensbaumes:
    Band 1: Die Struktur des kabbalistischen Lebensbaumes (370 S.)
    Band 2: Der kabbalistische Lebensbaum als Forschungshilfsmittel (580 S.)
    Band 3: Der kabbalistische Lebensbaum als spirituelle Landkarte (520 S.)
- Über die Freude (100 S.)
- Das Geheimnis des Seelenfriedens (252 S.)
- Von innerer Fülle zu äußerem Gedeihen (52 S.)
- Das Beziehungsmandala (52 S.)
- Physik und Magie (184 S.)

Kontakt: www.HarryEilenstein.de   Harry.Eilenstein@web.de
Herstellung und Verlag: Books on Demand GmbH, Norderstedt
ISBN: 978-3837-06053-9

Inhaltsverzeichnis

Verzeichnis der Lebensbäume

(in alphabetischer Reihenfolge); "*" bedeutet, daß in dem Lebensbaum auch Pfade oder Trigone angegeben sind.

VORWORT

von

Frater V.'.D.'.

Wenn Sie dieses Werk in den Händen halten und besitzen, so kann man Ihnen nur
gratulieren, lieber Leser, denn damit haben Sie sich wirklich an einen einmaligen
Text gewagt. Ich will Ihnen all den Mut, die Ausdauer und die Zeit wünschen, die
Sie zum Durcharbeiten dieses Kursus der praktischen, der angewandten Kabbalistik
benötigen werden. Denn unser Autor, das sei gleich vorweg gesagt, schenkt seinen
Schülern nichts.

      Bücher über die Kabbala (mit all ihren vielfältigen Schreibweisen) gibt
es zuhauf, nicht alle von ihnen sind sonderlich brauchbar, selten finden sich darunter,
wie es beim vorliegenden Werk der Fall ist, mit einem Lehrbuch und Nachschlage-
werk zugleich zu tun. Die beispiellose Materialfülle, die kompromißlose Analyse auch
unterschiedlichster und schwierigster Themenbereiche, von den exakten Naturwissen-
schaften über die schönen Künste bis hin zu esoterischen Disziplinen wie Astrologie,
Tarot-Mantik u.a. - all dies macht dieses Buch zu einer Fundgrube kabbalistischen
Wissens, und ich freue mich ganz besonders, diese Früchte jahrelanger Forschungen,
die mein Freund und magischer Bruder Harry Eilenstein hiermit einer breiteren Öffent-
lichkeit zugänglich macht, verlegerisch und editorisch betreuen zu können.

      Was aber will nun die esoterische Kabbala in der heutigen Zeit, in der
wir doch angeblich so viele andere Probleme und Phänomene zu bewältigen haben,
von der Atombombe bis zur Überbevölkerung? Nun, zunächst einmal, und das macht
dieses Buch besonders deutlich, ist der kabbalistische Lebensbaum ein Ordnungs- und
Gliederungsschema für so gut wie alles. Magie, das dürfte ja mittlerweile hinlänglich
bekannt sein, beruht ja nicht zuletzt auf einem gerüttelt Maß Beziehungsakrobatik,
wie alle mantischen Disziplinen übrigens auch. Und der Lebensbaum bietet uns, ähnlich
wie die astrologische Symbolik von den Planetenkräften, ein Beziehungsgefüge sonder-
gleichen. Das Problem beim a priorischen Vorgehen besteht ja weniger darin, daß man
dazu gezwungen ist, vorgefundene Phänomene in ein starres Ordnungsmuster einzu-
gliedern und dabei womöglich deb einen oder anderen Aspekt sträflich zu vernach-
lässigen oder gar zu verfälschen; nein, die eigentliche Schwierigkeit besteht darin,
trotz aller Schemate differenziert genug zu denken und einzuordnen, um möglichst
allen Faktoren so gerecht zu werden,, daß sie sich auch gegenseitig auf ihrer jeweiligen Ebene entsprechen ohne den gesunden Menschenverstand zu vergewaltigen
oder auf einem Auge blind zu werden. Dafür bietet uns besonders das kabbalistische
Konzept von den vier Welten ein schlagkräftiges Instrument. Aber vergessen wir nicht,

daß es sich hierbei, wie bei allen geheimwissenschaftlichen Disziplinen, in erster Linie um eine Kunst und erst in zweiter Linie um eine Wissenschaft handelt.

Aleister Crowleys forderndes Motto "Das Ziel der Religion - die Methode der Wissenschaft", das seine Zeitschrift EQUINOX bestimmte, ist heute immer noch wichtig und richtig. Und so erweist sich der Lebensbaum in der Praxis als ein keineswegs starres Gebilde: Was hier, oftmals ziemlich trocken, das sei eingestanden, an Denkgerüsten vermittelt wird, ist in Wirklichkeit äußerst dynamisch und wandlungsfähig - das ist nämlich der tiefere Sinn der Pfade, die die einzelnen Sephiroth untereinander verbinden.

Und diese Sephiroth selbst sind auch keine statischen Zustandsbeschreibungen, denn weder das Göttliche noch die Natur schlechthin kennen ein wirkliches status quo, das ist lediglich eine bequeme dualistische Illusion, die schon von Lao Tse widerlegt wurde; vielmehr stehen diese Punkte als "bewegte Ruhepole", wenn dieses Paradoxon gestattet sei, inmitten eines Stroms von Energie, schimmern auf den verschiedenen Ebenen der Welten, ob diese nun Assiah, Yezirah, Briah oder Atziluth heißen mögen, sind empfangend und gebend zugleich und kennen ihre Störungen und ihre Schattenseelen. So müssen wir den Lebensbaum nicht flach sondern mehrdimenional begreifen, plastisch - und darüberhinaus. Denn er umfaßt, einmal richtig ins eigene Wahrnehmungs- und Denkvermögen integriert, alle Phänomene irdischen und nichtirdischen Ursprungs.

Bis dahin aber ist es ein weiter, beschwerlicher Weg. Zu ihm gehören nicht nur Fleiß, Geduld und Beharrlichkeit, sondern auch Kritikfähigkeit und die Bereitschaft zur sachlichen Auseinandersetzung. Gerade hierfür bietet Harry Eilensteins Werk Stoff in Hülle und Fülle. Man muß nicht mit allen seiner Zuordnungen einverstanden sein, man mag an manchem zweifeln, mag manches mißverstehen, gewollt und ungewollt - aber dann steht man bereits mitten drin in diesem schillernden Integrationsprozeß, findet seinen Weg per Irrtum und Bestätigung, durch Probe und Gegenprobe - und wird, ehe man sich's versieht, zum praktizierenden Kabbalisten. Wenn es soweit kommen sollte, dann hat dieses Buch seinen Zweck erfüllt. Es will nicht dogmatisch und alleinseligmachend belehren, es erhebt keinen Anspruch auf Fehlerlosigkeit, aber es ist doch auch mehr als bloße Spekulation, denn es ist auf dem Humus der reichen Erfahrung und der praktischen Forschung gewachsen und führt seine Leser über mancherlei Ecken und scheinbare Abschweifungen durch eine gewaltige Palette von Wissengebieten, um sie in einer höchst eigenwilligen Art von programmiertem Unterricht zu einem Gebrauch des Lebensbaums zu befähigen - in allen Bereichen und ohne Kompromisse. So zeigt es, daß dieses Gebilde seinen Namen LEBENSbaum durchaus verdient.

Wollen wir hoffen, daß dieses Werk sich nicht einreihen lassen muß in die große Zahl jener Bücher, über die man viel redet ohne sie zu lesen. Sapienti sat!

Bonn, im Oktober 1982, e.v.

VBIQVE DAEMON ∴ VBIQVE DEVS ∴

1. Einleitung

Was ist Logik? - Sie ist ein System von Regeln, mit dem man etwas über Vorgänge, Zustände und Zusammenhänge aussagen kann, ohne sie gerade im Augenblick wahrzunehmen oder schon einmal erlebt zu haben. Wenn man z.B. gefragt wird, was passiert, wenn
man einen Stein hochhebt und fallenläßt, so wird man antworten,
daß er auf die Erde fällt, ohne es vorher ausprobieren zu müssen,
denn man hat schon ähnliche Vorgänge erlebt und weiß aus Erfahrung, daß alles zur Erde fällt. Dies wird dann abstrahiert zu
"Alle Massen ziehen sich an", was man wiederum mittels einer ma-
thematisch-physikalischen Formel darstellen kann.

Durch Vergleiche mit anderen Vorgängen kommt man nun zu dem
Schluß, daß jedes Geschehen eine Ursache hat. Diese Denkweise
verlangt wiederum eine Einteilung der Welt in fest umgrenzte,
meßbare Einzelgegenstände, in Maß, Zahl und Material, z.B. zwei
Glas Wasser, drei Kilo Eisen oder ein Mol Schwefelsäure. Dies
ergibt dann unsere Art von Logik, die wir Kausalität nennen und
die Antworten auf die Frage "Was geschieht, wenn ich dieses oder
jenes tue?" oder allgemeiner "Wie entwickelt sich eine Situati-
on unter den gegebenen Umständen weiter?" gibt.

Diese Denkweise hängt mit den indogermanischen Sprachen eng
zusammen, die genaue räumliche und zeitliche Abgrenzungen enthalten und deren Sätze nach dem Schema "Täter - Tätigkeit" aufgebaut sind. Ohne diese Sprache, diese Art, die Wahrnehmungen
aufzuteilen und einzuordnen wäre die Kausallogik, wie wir sie
haben, kaum möglich.

Nun gibt es aber Sprachen, die nach ganz anderen Gesichts-
punkten aufgebaut sind; in denen z.B. die Zeit eine ganz unter-
geordnete Rolle spielt oder in denen Verben (z.B. "blitzen")
ganze Sätze sein können, ohne unter allen Umständen eine Beob-
achtung (den Blitz) in Täter und Tat ("Es blitzt.") unterteil-
len zu müssen wie in den indogermanischen Sprachen.

Um sich einen Einblick in die verwirrenden, weil ungewohnten
Sprachmöglichkeiten zu verschaffen, ist das Buch SPRACHE, DENKEN,
WIRKLICHKEIT von Benjamin Lee Whorf (rororo 174) sehr empfehlens-
wert.

Wenn nun die Sprache ein Ordnungsschema für die Wahrnehmungen
ist und die Logik aus den Zusammenhängen innerhalb dieses Ord-
nungsschemas besteht, muß es mehr als eine Art von Logik geben.

"Wissen ist die Fähigkeit, Antworten zu geben,
Weisheit ist die Kunst, Fragen zu stellen."

Man kann sagen, die Logik enthält die Regeln des Denkens und
das Denken ist der Versuch, sich und die Welt zu verstehen.

In diesem Satz steckt die uns so gewohnte Aufteilung Subjekt-
Objekt, Innen-Außen, Ich-Welt. Unlogischerweise enthält er die
Annahme, daß zwar ein Unterschied zwischen "Ich" und "Welt" besteht, aber keiner zwischen Welt und den anderen drei Milliar-
den Menschen, bzw. , daß man "Ich" und "Menschen" trennen müsse.
Nun bestehen "Ich", die "Menschen" und die "Welt" aus den gleichen Substanzen, in ihnen wirken die gleichen Kräfte und alle
unterliegen den gleichen Naturgesetzen, Zeit und Raum. Dabei
drängt sich geradezu die Frage auf, ob es unter diesen Umständen nicht Gemeinsamkeiten in verschiedenen Dingen z.B. Sonne,
Mensch, Pflanze, Staat gibt.

Diese Fragestellung fällt ganz offensichtlich aus der kausalen Denkweise, die sich mit zeitlichen Abläufen befaßt, heraus.
Wenn es nun gelingt, solche Gemeinsamkeiten zu finden und sie in
ein widerspruchsfreies System zu bringen, so hat man eine Logik,
eine Einteilung der Wahrnehmungen und eine sich daraus entwickelnde Weltanschauung, die sich im Gegensatz zur eher dynamischen
Kausalität aus eher statischen Analogien besteht und in denen
z.B. der Begriff Zeit zwei ganz verschiedene Rollen spielt. Solche Denksysteme sind z.B. die Kaballa, die Astrologie, der Tarot
und jedes Symbolsystem. Wer sich einmal mit Psychologie befaßt
hat, wird festgestellt haben, daß das Unterbewußtsein in Analogien (Gleiches zu Gleichem, Verschmelzung ähnlicher Erlebnisse
zu einem Traum) und nicht, wie das Oberbewußtsein eines Menschen,
der eine indogermanische Sprache spricht, in Kausalitäten denkt.

Andere Ansatzpunkte zur Konstruktion einer Logik sind z.B. Be-
zeichnungen, die eine Sache nicht als scharf abgegrenzt, sondern
als einen "Schwerpunkt" in einem überall vorhandenen "Grundstoff"
betrachten. Diese Logik/Sprache hätte z.B. nicht unsere Schwierigkeiten, sich mit der Quantentheorie anzufreunden, in der es keine
fest abgegrenzten Teilchen (e^-, Atome) und Kausalitäten, sondern
nur noch Schwerpunkte in "Feldern" ("Wellenberge im Meer"), Sym-
metrien und Wahrscheinlichkeiten gibt.

Diesen Aufbau hat auch die ägyptische Mythologie, in der es
nicht die genau definierten Götter Nr. 1, 2, 3... bis 56 gibt,

sondern eine allgegenwärtige, verborgene Kraft ("Ankh"), die
als Sonne "Ra", als Seele "Ka" oder "Osiris", als Weisheit
"Toth", als Stärke "Horus" usw. genannt wird. Folglich können
Ra und Horus Ra-Hor (Ra-Horus) werden oder aus Isis, Hathor,
Buto, Nut und Nephtys einfach das "weibliche Prinzip" Isis entstehen. Die Gottesnahmen stellen nicht etwas fest abgegrenztes,
sondern Aspekte des Ganzen dar.

In diesen Denksystemen hat der Satz "Das Ganze ist mehr als
die Summe seiner Teile" im Gegensatz zur Kausallogik einen Sinn.

Es gibt noch beliebig viele andere Ansatzpunkte zum Bau eines
logischen Systems; z.B. indem man alles in Intensitäten zu beschreiben versucht. Der Zusammenhang zwischen Raum, Zeit und Gravitation in der Relativitätstheorie würde bei dieser Denkweise
ein ganz neues Gesicht bekommen. (Weitere Möglichkeiten sind bei
B. L. Whorf; a. a. O. zu finden.) Letztlich sieht jedes Lebewesen
die Welt ein wenig anders.

Wie man sieht, hängen die Antworten, die man erhält, von den
Fragen ab, die man stellt. Es ist leicht zu erkennen, daß keine
unserer heutigen Logiken und Sprachen die ganze Wirklichkeit er-
faßt, sondern immer nur einen Teilaspekt. Um die Wirklichkeit zu
erkennen, gibt es nun zwei Wege: Zum einen das Erlernen und Verinnerlichen aller erreichbaren logischen Systeme und ihre Anwendung auf alle Erlebnisbereiche und zweitens das Nicht-Denken, die
Gedankenstille, der Versuch, wie Buddha das Nirvana, das Nichts,
die äußere-innere Klarheit zu erreichen.

I. DIE STRUKTUR DES LEBENSBAUMES

2. Analogiesysteme

a) I Ging

Die einfachste Methode, Analogiesysteme aufzustellen, ist die
Unterteilung in Kategorien wie z.B. im chinesischen I Ging (Das
Buch der Wandlungen). Die erste Einheit, das Tao (der Weg) teilt
sich in Yin (weiblich, passiv) und Yang (männlich, aktiv). Nun
wird im I Ging Yin und Yang wieder in Yin und Yang unterteilt
(Yin/Yin, Yin/Yang, Yang/Yang, Yang/Yin) bis man schließlich
2^6=64 Sechsergruppen (z.B. +/+/-/+/-/+) erhält, die folgender-
maßen geschrieben werden: ☰☷ , wobei "—" Yang (+) und "--" Yin
(↓) bedeutet. Zu jedem dieser 64 Symbole enthält das I Ging eine

13

Charakterisierung. Wem dieses System des +/- etwas seltsam erscheint, kann es ja mit der Dialektik vergleichen, die behauptet, daß es zu jeder Sache ihr Gegenteil gibt, die Welt also polar aufgebaut ist.

Aufgabe 1:

Erweitern Sie folgende Liste:

Yin	Yang	:	Yin	Yang
weiblich	männlich	:		
-	+	:		
magnetisch	elektrisch	:		
kalt	heiß	:		
Form	Kraft	:		
Stempel (Blüte)	Staubfäden	:		
Winter	Sommer	:		
Nacht	Tag	:		
Lauge	Säure	:		
Kreis	Strich	:		
Moll	Dur	:		

b) Planeten

Das Denken in Kausalzusammenhängen erfordert, alles nach Form, Farbe, Größe, Gewicht usw. zu unterteilen, während das Analogiedenken die Unterteilung nach der Aufgabe einer Sache, ihrer Beziehung zu anderen Teilen und ihrer Bedeutung für das Ganze vornimmt. Die Essenz einer Analogienreihe kann eine abstrakte Idee, ein Symbol, eine geometrische Figur oder ähnliches sein. Eine der ältesten Symbolgruppen sind die Planeten. Es läßt sich durchaus unabhängig von der Astrologie als Begriffssystem verwenden. Ihr grundlegender Gehalt läßt sich in Begriffen der Beweglichkeit darstellen, wobei die Planeten (Sonne und Mond werden in der Astrologie als Planeten bezeichnet) mit den kürzeseten Umlaufzeiten die größte Beweglichkeit besitzen (man beachte die Analogie!).

Mond (29,5 Tage) : Hin- und Hergetriebenwerden
Merkur (88 Tage) : Analyse
Venus (225 Tage) : lose Zuordnung
Sonne (geozentrisch: 1 Jahr) : Zentrierung

Mars (687 Tage) : Tat
Jupiter (11 Jahre, 315 Tage) : Reife
Saturn (29 Jahre, 167 Tage) : Starre
Uranus (84 Jahre, 4 Tage) : Ausbruch
Neptun (164 Jahre, 280 Tage) : Auflösung
Pluto (248 Jahre, 315 Tage) : Umwandlung

(Daß die Erde in Wirklichkeit um die Sonne und nicht die Sonne um die Erde kreist, ist unerheblich, da es lediglich um die Einflüsse der Planeten auf die Erde geht und diese von der Stellung der Planeten zueinander abhängen.)

Aufgabe 2

Erweitern Sie folgende Tabellen:

MOND: Gemüt, Stimmung, Gezeiten, Fruchtbarkeit, Fett, Milch, Geburt, Isis, Lymphe, Mutter, Verschmelzung, Traum, Hingabe, Rhythmus, Kleinkind

MERKUR: Schüler, Worte, Buchstaben, Zahlen, Geometrie, Toth, Gedanke, Gelenkigkeit, Nerven, Neugier, Zweck

VENUS: Frau, Gefühl, Rosen, Kunst, Haut, Haar, Hathor, Harmonie, Freude, Schönheit, Genuß, Proportion, Erotik

SONNE: König, Ich, Gold, Herz, Hauptstadt, Sonne, Mitte, Kern, Same, Vater, Honig, Zentrum, Wille, Jesus, Buddha, Glück, Leben, Liebe, Geburt und Tod, Erlösung, gelb

MARS: Mann, Tat, Kraft, Blut, Eisen, Motor, Triebe, Schwert, scharfe Gewürze, rot, Krieg, Lachen, Weinen

JUPITER: Lehrer, Ruhe, Sinn, Reife, blau, Großkaufmann, Friede, Religion, Heiterkeit, Fülle, Ernte, Planung, Synthese, Glauben

SATURN: Realität, Starre, schwarz, Knochen, Fels, Greis, Ernst, Trauer, Tod, Dauer, konservativ, Abgrenzung

URANUS: Magier, ausgefallener Einfall, Sprung (beide Bedeutungen), Plötzliches, Exzentrizität, Revolution, Neuerung, Erfindung

15

NEPTUN: Mystiker, Symbiose, Musik, Ahnungen, Phantasie, Hilfe
       am Nächsten, Drogen, das Grenzauflösende, lila, Nebel,
       ferne Ufer, Sozialarbeit

PLUTO: Clown, Taoist, Wandlung, Metamorphose, Schmetterling
       aus Raupe, Weltkrieg, Masken, Werwolfsage, große Gewalt,
       Erdbeben, Vulkanausbrüche

c) Die vier Elemente und der Zodiak

Zum Abschluß dieser "Tabellen-Analogien" noch zwei weitere Beispiele:

Aufgabe 3

Erweitern sie folgende Tabelle der vier Elemente:

Feuer	Wasser	Luft	Erde	
Sommer	Herbst	Frühling	Winter	
0°-90°	90°-180°	180°-270°	270°-360°	(Trigono-
Süden	Westen	Osten	Norden	metrie)
Heiß	Kalt	Heiß	Kalt	
+	+	+	+	
Trocken	Feucht	Feucht	Trocken	
Wille	Gefühl	Verstand	Körper	
aktiv	passiv	aktiv	passiv	
geben	empfangen	verändern	erhalten	
Kreuz	Herz	Pik	Karo	
Stab	Kelch	Schwert	Münze	
Gott Vater	Gott Sohn	Heiliger Geist	Mensch	

Entsprechend dem I Ging lassen sich nun Feuer des Wassers, Luft
des Wassers, Luft der Erde, Feuer des Feuers, also je eine weitere Vierereinteilung eines jeden Elementes, eine Feineintei-
lung von 16 "Unterelementen" bilden.

Der Tierkreis ist eine Kombination aus den bisherigen Analogien (aktiv entspricht Feuer, passiv Wasser und ausgleichend Luft):

WIDDER: Yang, aktiv, Feuer, Mars: "Tatmensch"
STIER: Yin, passiv, Erde, Venus: "Hausmütterchen"
ZWILLING: Yang, ausgleichend, Luft, Merkur: "Analytiker"
KREBS: Yin, aktiv, Wasser, Mond: "Seelenmensch"
LÖWE: Yang, passiv, Feuer, Sonne: "Monarch"
JUNGFRAU: Yin, ausgleichend, Erde, Merkur: "Handwerker"
WAAGE: Yang, aktiv, Luft, Venus: "Künstler"
SKORPION: Yin, passiv, Wasser, Mars + Pluto: "Kritiker"
SCHÜTZE: Yang, ausgleichend, Feuer, Jupiter: "Idealist"
STEINBOCK: Yin, aktiv, Erde, Saturn + Uranus: "Schulmeister"
FISCHE: Yin, ausgleichend, Wasser, Jupiter + Neptun: "Träumer"

Die weitverbreitete Ablehnung der Astrologie beruht wahrscheinlich zu einem großem Teil darauf, daß uns das Denken und Argumentieren in Analogien recht ungewohnt ist und uns deshalb Zusammenhänge zwischen analogen Teilen aus verschiedenen Systemen
wie z.B. Planeten - Mensch - Wetter - Politik - Pflanzen - Träume unsinnig vorkommen. Die Entscheidung, ob es diesen Zusammenhang gibt oder nicht, kann nur durch den Versuch, also z.B. die
Berechnung eines Horoskopes, getroffen werden. Wenn dieser Einfluß an auch nur einer Stelle nachgewiesen wird, ist es sehr wahrscheinlich, daß er, wie auch Gravitations- oder elektrische Kräfte, überall vorhanden ist.
    Die besten uns derzeit bekannten astrologischen Bücher sind
die ASTROLOGISCHE MENSCHENKUNDE von Thomas Ring und die Bücher
von Döbereiner.

3. Analogiesysteme (Strukturen)

Der nächste Schritt ist nun, nach Analogien zu suchen, die eine
innere Struktur enthalten, wie z.B. die von dem französischen
Arzt und Kaballisten Papus (Gerard Encausse) angeführte Tatsache, daß es in allen Fahrzeugen etwas gibt, was lenkt, etwas,
was fährt (sich bewegt) und etwas, was beide verbindet.

```
Fahrer    - Lenkrad - Auto
Kutscher  - Zügel   - Pferd
Gehirn    - Nerven  - Körper
```

Etwas abstrakter gefaßt: es gibt einen Täter, etwas, was die
Tat überträgt und etwas, das sie empfängt oder, für die Freunde
der Kriminalliteratur: der Mörder, das Messer und die Leiche.

Aufgabe 4

Ergänzen Sie die freien Spalten:

Täter	- Mittel	- Leidender	= Tat
Wer?	- Womit?	- Wem?	= Was?
Ich	- Füller	- Blatt Papier	= schreiben
sie	- Auge	- Buch	= lesen
Junge	-	- Weg	= laufen
	-	- Worte	= sprechen
	-	- Wasser	= schwimmen
	-	-	= hören
	-	-	= denken
	-	-	= pflügen
	-	-	= essen
	-	-	= riechen

Dies ist ein Zusammenhang, der in allen Vorgängen auftritt,
bei denen ein Ding auf ein anderes einwirkt. Es kann auch die
Gravitation zwischen zwei oder mehr Sonnen und Planeten sein,
wobei dann jeder aktiv und passiv, Sender und Empfänger ist.
Dasselbe gilt für elektromagnetische Wellen und Kernkräfte oder
für den geistig-seelischen Einfluß, den Freunde aufeinander aus-
üben. Es gibt also den "vertikalen", einseitigen (Kutscher -
Zügel - Pferd) und den "horizontalen", zweiseitigen (e^- - elektromagnetische Welle - p^+) Einfluß.

Die vier Elemente besitzen auch einen inneren Zusammenhang,
der wie folgt aussieht:

Abbildung 1

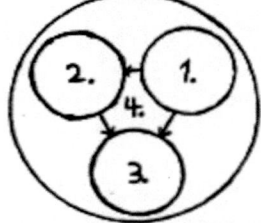

1. Feuer, aktiv
2. Wasser, passiv
3. Luft, ausgleichend
4. Erde, der gesamte Vorgang,
   die neue Einheit

Dieses Schema wird manchmal analog zur Dialektik "Trialektik"
(Feuer-Wasser-Luft) genannt. Jedes System läßt sich auf diese
Weise darstellen.

Ergänzen Sie die folgende Liste:

Feuer	Wasser	Luft	Erde
Urknallimpuls	Gravitation	Pulsation des Alls	das All
Mann	Frau	Kind	Familie
elektrische Welle(1)	magnetische Welle(2)	"Bewegungswelle" Austausch der Energie zwischen (1) und (2)	Photon
Assimilation	Dissimilation	Energiekreislauf	Pflanze
Fühlen	Denken	Bewußtsein	Psyche
p^+	e^-	n^o	Atom
1. Zahl	2. Zahl	Rechenregel	Ergebnis
Plattenspieler	Schallplatte	Drehung des Plattentellers	Musik
Soll	Haben	Saldo	Konto
Bogen	Geige	Bewegung	Schwingung
Nahrungsaufnahme	....	....	Ernährung
Säure	....	Proton	....
....	Opposition	Abstimmung	....
Wärme	....	Wind	....
Einkauf	....	Lagerbestand	....

In der Kaballa gibt es einen vierbuchstabigen Gottesnamen, Jehova,
dessen Buchstaben den vier Elementen entsprechen: Jod (Feuer),
Heh (Wasser), Vau (Luft) und das Schluß-Heh (Erde). Er spielt in
der hebräischen Mystik eine große Rolle.

Die vier Elemente lassen sich nun auch in einer zeitlichen
Reihenfolge darstellen:

1. FEUER: der erste Impuls
2. WASSER: die den Impuls einschränkenden Widerstände
3. LUFT: die aus dem Zusammenwirken von Feuer und Wasser resultierenden Bewegungen
4. ERDE: das Ergebnis des Vorgangs

Ebenso kann man sie als Folge verschiedener, ineinanderliegender Einheiten oder Ebenen auffassen wie z.B.:

19

1. FEUER: Naturgesetze
2. WASSER: soziale, politische, landschaftliche usw. Umstände
3. LUFT: Psyche
4. ERDE: Körper

    oder:

1. FEUER: subatomare Teilchen (z.B.: e^-, n^o, p^+)
2. WASSER: Atome (z.B.: H, O, Cl, C, N)
3. LUFT: Moleküle (z.B.: H_2O, CO_2, NH_3, HCl)
4. ERDE: Organismen (Pflanzen, Tiere)

    Für jede dieser vier Gruppen gibt es nun fünf Kategorien, die auch die fünf Elemente genannt werden:

Abbildung 2
. . . .

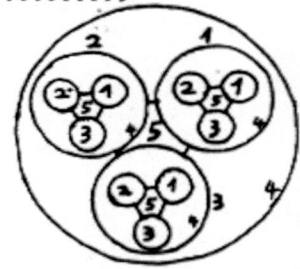

1. FEUER: aktiv; alchemistische Bezeichnung: Sulphur; (H_3O^+).
2. WASSER: passiv; alchem. Bez.: Sal; (HO^-).
3. LUFT: beweglich-ausgleichend; alchem. Bez.: Mercurius; (H^+).
4. ERDE: fest/der ganze Vorgang; alchem. Bez.: Erde; (Redoxreaktion).

Die fünf Elemente bilden das Symbol des Pentagramms.

5. QUINTESSENZ: alchem. Bez.: Quintessenz, metallische Wurzel; (subatomare Teilchen wie e^-, p^+, n^o).

Abbildung 3
. . . .

Die Quintessenz sind die Einheiten der nächsthöheren Ebene, die wiederum nach dem Feuer-Wasser-Luft-Erde-Prinzip aufgebaut ist und als Einheit den Erdaspekt dieser Ebene darstellen.

Die Elementbezeichnung ist also nur eine Beziehung zu anderen Teilen, wobei jedes Teil wieder in drei Teile zerlegt werden kann, deren Zusammenfassung der Erdaspekt ist. Es gibt somit drei Ebenen in der Elementbezeichnung: Feuer, Wasser und Luft als Einheiten einer bestimmten Ebene, ihre Zusammenfassung zu Erde bildet die Einheit der nächsttieferen Ebene und die Auflösung eines jeden Elements bildet die Quintessenz, die Einhei-

20

ten der nächsthöheren Ebene. Die Elementbezeichnungen sind also relative Begriffe. Je nach dem, von wo aus man eine Sache betrachtet, kann es Erde, Quintessenz oder eines der drei anderen Elemente sein.

4. Die mittlere Säule

Diese fünf Elemente lassen sich graphisch auch noch auf eine weitere Weise darstellen:

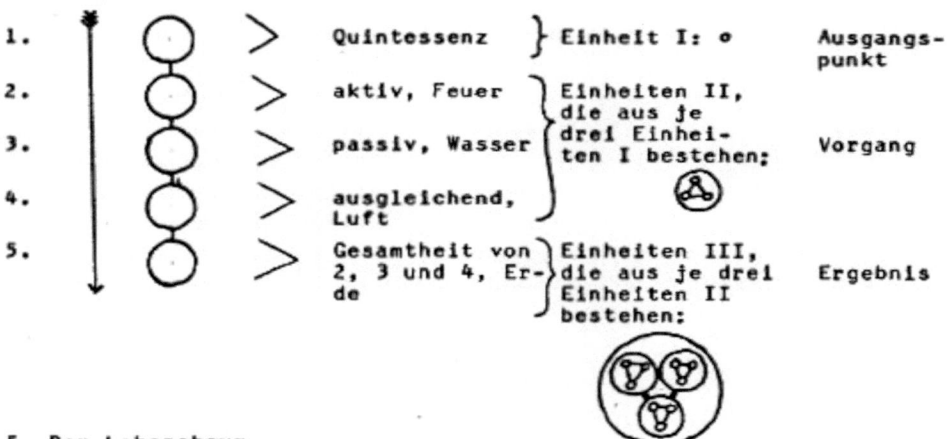

5. Der Lebensbaum

Wenn man nun in dem vorigen Schema Kreis 2, 3 und 4 wiederum als Dreiergruppe, also mit der in ihnen enthaltenen Quintessenz, zeichnet, erhält man das Strukturschema des Lebensbaumes (Abb. 5), das allgemein wie folgt dargestellt wird (Abb. 6):

Abbildung 5   Abbildung 6

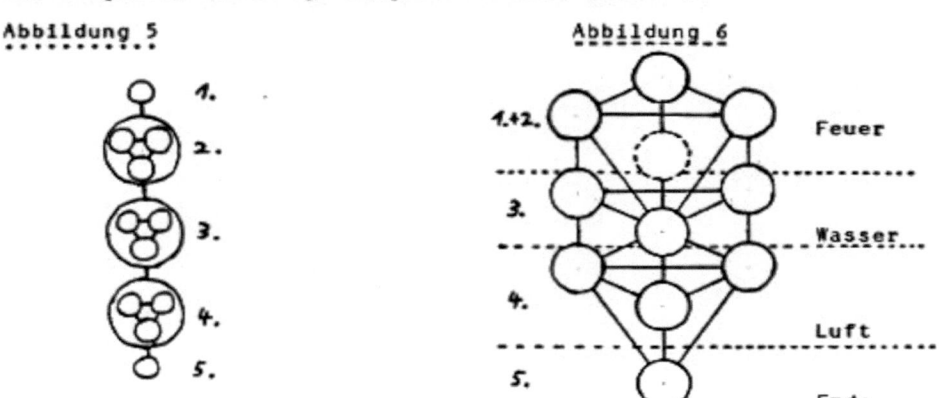

21

Der unterste Kreis ist die Einheit und die Zusammenfassung
aller vorhergehenden Kreise, weshalb er nicht in drei Kreise
zerlegt wird und die vier Elemente (Feuer, Wasser, Luft und
Erde) nur angedeutet werden, indem die Kugel durch ein Kreuz
in vier Teile zerlegt wird:

Abbildung 7

5. Erde:

In diesem Schema werden 1 und 2 zusammengefaßt und der vierte
Kreis liegt auf dem Übergang von Feuer zu Wasser und wird der
Verborgene genannt und ist meist gar nicht oder nur gestrichelt
eingezeichnet. Die Begründung hierfür ist, daß man ursprünglich die ersten drei Kreise als eine Einheit betrachtet hat
und den vierten lediglich als eine Kombination des zweiten und
dritten Kreises ansah; die häufige Nichteinzeichnung und der
Name "Der Verborgene" sind also nur historisch begründet. Er
hat insofern eine Sonderstellung, als er nicht nur den Ausgleich,
die Luft des über ihm liegenden Gegensatzes darstellt, sondern
weiterhin auch mit der Grenze zwischen Feuer und Wasser, auf der
er liegt, identifiziert wird.

Der erste Kreis (Quintessenz) ist von den in der mittleren
Reihe liegenden Kreisen der einzige, der nicht Ergebnis eines
Gegensatzes, sondern seine Voraussetzung ist.

Abbildung 8

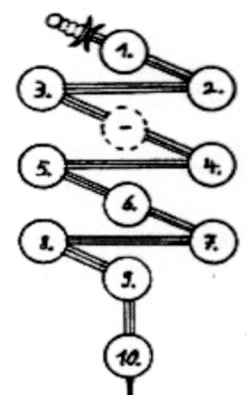

Die Kreise werden SEPHIROTH (hebräisch; Einzahl: Sephirah) genannt,
was Kugeln oder Sphären bedeutet, und
die sie verbindenden Linien heißen
Pfade. Ihre Reihenfolge und ihre Namen sind wie folgt:

1. KETHER, die Krone
2. CHOKMAH, die Weisheit
3. BINAH, das Verstehen
-. DAATH (ohne Zahl), das Wissen
4. CHESED (oder GEDULAH), die Herrlichkeit
5. GEBURAH (oder PACHAD), die Stärke
6. TIPHARETH (oder DIN), die Schönheit
7. NETZACH, der Sieg
8. HOD, der Ruhm
9. YESOD, das Fundament
10. MALKUTH, das Königreich

Das flammende (gezackte) Schwert, das manchmal auch als Blitzstrahl dargestellt wird, zeigt die Reihenfolge der Entstehung
und die Richtung des Haupteinflusses zwischen den Sephiroth.
"Über" dem Lebensbaum befindet sich das Unmanifestierte, die
Möglichkeit, das, was nicht ist, aber was sein kann; aus dem
das, was ist, entstand. Dies Unmanifestierte wird manchmal
ebenfalls in eine Dreiergruppe zerlegt:

Abbildung 9

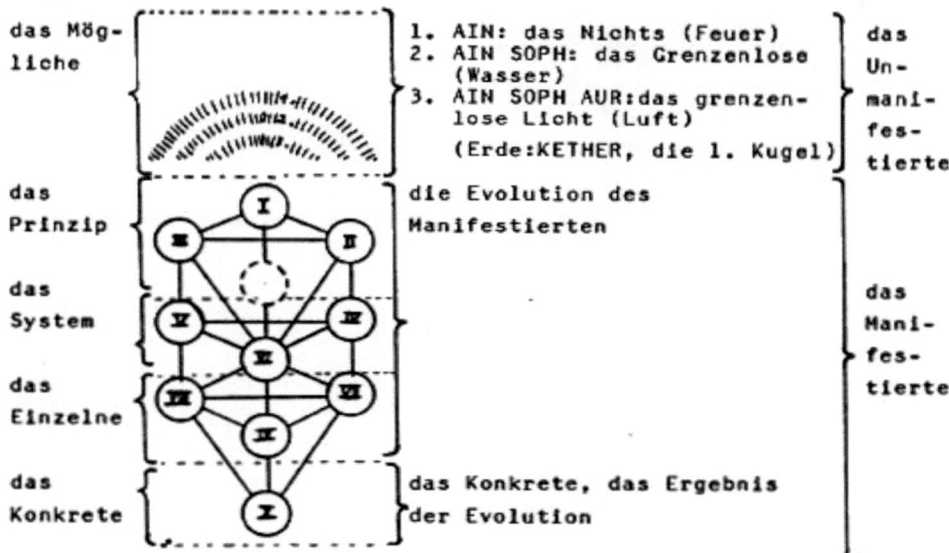

das Mög-
liche

1. AIN: das Nichts (Feuer)
2. AIN SOPH: das Grenzenlose (Wasser)
3. AIN SOPH AUR:das grenzen- lose Licht (Luft)

   (Erde:KETHER, die 1. Kugel)

das Un- mani- fes- tierte

das
Prinzip

die Evolution des
Manifestierten

das
System

das
Mani- fes- tierte

das
Einzelne

das
Konkrete

das Konkrete, das Ergebnis
der Evolution

Die Elementzugehörigkeit der Sephiroth ist wie folgt (die Quintessenz, lat. fünfte Grundsubstanz, wird auch Akasha, indisch,
oder Äther genannt):

Abbildung 10

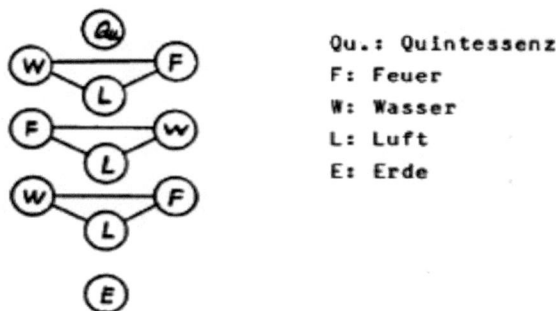

Qu.: Quintessenz
F: Feuer
W: Wasser
L: Luft
E: Erde

23

6. Die Sephiroth

Nach dieser manchmal etwas abstrakten Einführung wird es vermutlich sinnvoll sein, eine kurze Schilderung der einzelnen Sephiroth zu geben.

-.) AIN / AIN SOPH / AIN SOPH AUR: das Unmanifestierte, das existierende Nichts, die Möglichkeit, Druck, Nirvana, Zustand vor der Schöpfung.

1.) KETHER (Krone): der Punkt, die erste Ursache (Primum Mobile), die Quelle, der Anfang, Tao.

2.) CHOKMAH (Weisheit): männlich, Obelisk, Feuer, aktiv, die Spiegelbilder Kethers, der Tierkreis, Kraft, die Linie, Yang.

3.) BINAH (Verstehen): weiblich, Wasser, das Meer, Dreieck, Form, Leid, passiv, Yin.

-.) DAATH (Wissen): Heilige Bücher, Heilige Berge, Naturgesetze, die Schwelle, Zeit (Sephiroth 1, 2 und 3 nur Raum, ohne Entwicklung), Leere, Einsamkeit, Gesetz.

4.) CHESED (Herrlichkeit): Aufbau, Synthese, Quadrat, Zusammenarbeit, Ideale, Sinn, Friede, Szepter.

5.) GEBURAH (Stärke): Kraft, Kritik, Analyse, Pentagramm, Tat, Krieg, Schwert.

6.) TIPHARETH (Schönheit): Sonne, Harmonie, Einheit, Kreuz, Hexagramm, Gold, Mitte, Ich, Same, Fähigkeit, Wille, Erlöser.

7.) NETZACH (Sieg): Gefühl, Freude, Pflanzen, Strahlen, Bewegung, Mitschwingen, Extase. .

8.) HOD (Ruhm): Gedanke, Klarheit, Kristall, das Verhältnis von Formen zueinander, Meditation/Versenkung.

9.) YESOD (Fundament): Unterbewußtsein, Mond, Meer, Gezeiten, Traum, Geburt, Trieb, Bild, Kräfte, Vorstellung, Chi, Prana, Od.

10.) MALKUTH (Reich): Wachbewußtsein, Erde (Planet), Gegenstände, Materie, Abgrenzung, Unterscheidung, Verwirklichung.

7. Die Drei Säulen

Es gibt noch eine weitere, übergeordnete Einteilung nach Feuer/Kraft, Wasser/Form und Luft/Licht:

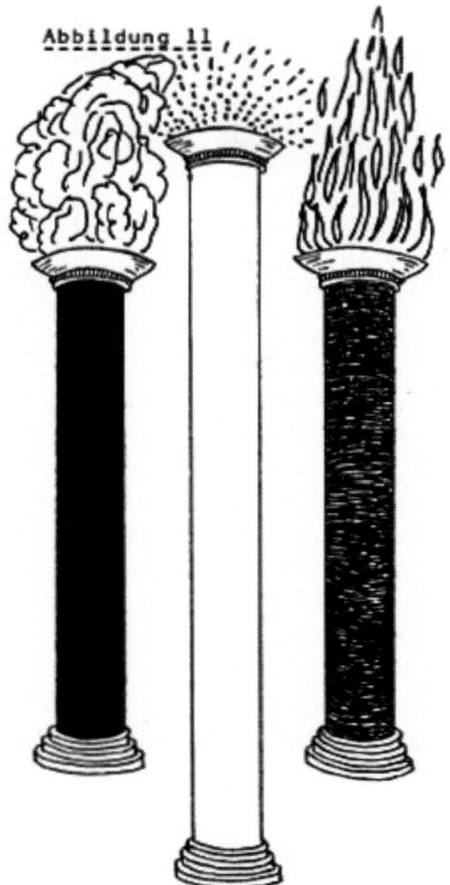

Abbildung 11

Die SCHWARZE SÄULE DER WOLKEN (Wasser, weiblich, Form; Binah, Geburah, Hod).

Die SILBERNE SÄULE DER FLAMMEN (Feuer, männlich, Kraft; Chokmah, Chesed, Netzach).

DIE WEISSE SÄULE DES LICHTES (Luft, bewegt, Bewußtsein; Kether, Daath, Tiphareth, Yesod, Malkuth).

Das Gegensatz-Ergänzungs-Verhältnis gibt es nicht nur zwischen den Säulen (Feuer-Wasser, Sephirah 2-3, 4-5, 7-8), die ihren Ausgleich in der mittleren Säule (1, D., 6, 9, 10) finden, sondern auch zwischen den Sephiroth 1-10, D.-9, 4-8, 5-7, deren Ausgleich die Sonne in Tiphareth (6), die zentrale Sephirah, ist. Dieser Zusammenhang wird oft als Hexagramm dargestellt. Es gibt unter Kaballisten das Sprichwort, daß, wer Tiphareth verstanden hat, den Lebensbaum verstanden hat.

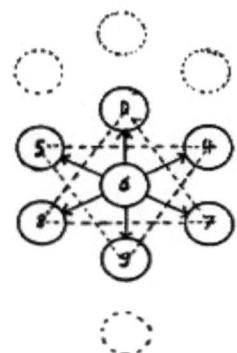

Abbildung 12

8. Evolution

Formen entstehen an den Wegen der Kräfte
und Kräfte entstehen im Wandel der Formen.
Ekstase ist der Rausch der Bewegung,
Versenkung ist der Rausch der Klarheit,
Und beide bergen dieselbe Erkenntnis.
Form ist gefrorenes Licht,
Kraft ist strömendes Licht,
Und hinter beiden verborgen
Liegt seine strahlende Quelle.

25

Eine der wichtigsten Gliederungen ist die Einteilung der Sephiroth in Form- und Kraftsphären. Aus einer Formsephirah entsteht
immer eine Kraftsephirah und aus einer
Kräftesphäre immer eine Formsphäre.

Abbildung 13

Form- und Kraftsephiroth

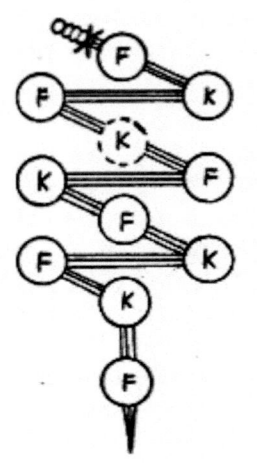

F=Form, K=Kraft

Der Druck des Unmanifestierten kon-
densiert (bildlich gesprochen) einen
Punkt (1); von diesem Punkt gehen Kraftlinien (2) aus, die zueinander in Beziehung treten (3). Durch den Druck des
Unmanifestierten strahlen die vielfälti-
gen Kombinationsmöglichkeiten nach außen (D.), woraufhin sich verschiedene
Systeme (4) bilden, die durch die eigenen Kräfte (5) und die (5) aus anderen
Systemen (4) umgebildet werden. Aus diesem Vorgang kristallisiert sich unter
Mitwirkung auch der ersten vier Sephiroth eine neue Einheit (6), deren Ausstrahlungen (7) ebenfalls zu Formen (8)
erstarren und zusammen mit diesen (7+8)
wechselhafte Kräfteverhältnisse (9) entstehen lassen. Sie alle zusammen (1-9)
formen dann die endgültige Gestalt des
Manifestierten (10).

Die Haupteinflußrichtung entlang des "Blitzstrahls" von oben nach
unten bewirkt, daß die Sephiroth passiv-empfangend bezüglich aller vor ihr liegenden Sephiroth und aktiv-beeinflussend bezüglich aller ihr folgenden Sephiroth sind; insbesondere gilt dies
für die beiden auf dem Blitzstrahl neben ihr liegenden Sephiroth.
So ist z.B. Hod (8) passiv bezüglich Netzach (7) und aktiv bezüglich Yesod (9). Hieraus ergibt sich, daß eine Sephirah erst dann
voll funktionsfähig ist, wenn auch die "über" ihr liegende Sephirah zumindest teilweise aktiv wird.

    Jede Sephirah entsteht aus der ihr vorhergehenden unter Mit-
wirkung aller anderen vorhergehenden Sephiroth. Die Sephiroth
der Mittleren Säule sind jeweils eine Zusammenfassung aller vorhergehenden Sephiroth (D. von 1-3, 6 von 1-5, 9 von 1-8 und
10 von 1-9).

Man kann den Lebensbaum als eine Folge von Analysen und Synthesen auffassen, bei der jeweils eine Analyse und eine Synthese eine neue Einheit, eine Kombination und Weiterentwicklung der vorhergehenden Einheiten darstellt und von diesen abhängig ist.

Abbildung 14

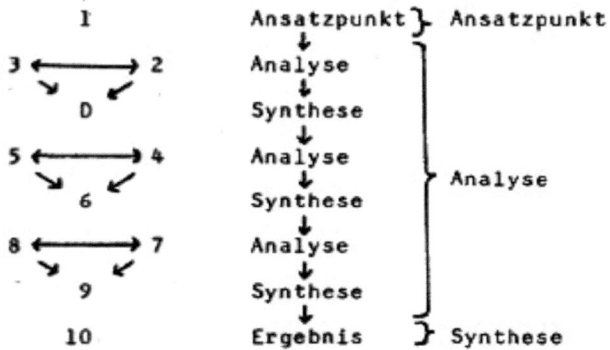

Einer der bekanntesten Sätze aus der Philosophie des Lebensbaumes, der Kaballa, ist: "Kether ist in Malkuth und Malkuth ist in Kether, aber auf eine andere Weise." Dies bedeutet, daß Malkuth (10) aus der Substanz Kethers (1) besteht und daß die Eigenschaften Malkuths in Kether als dessen Grundsubstanz (und in Tiphareth wie in einem Samen) enthalten sind: die Vielfalt Malkuths ist die Verwirklichung der Möglichkeiten des Punktes Kether.

9. Die vier Welten (I)

Abbildung 15: Der MENSCH

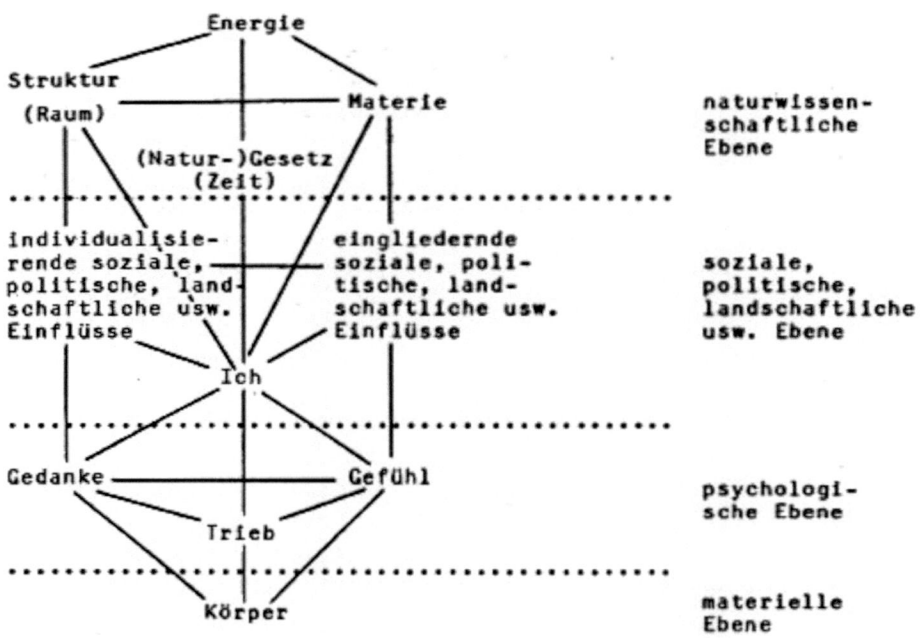

(Anmerkung: Energie ist Kether und Materie ist Chokmah, da Materie "gefrorene Energie" und nicht das Ursprünglichere der beiden ist, wie es der Sprachgebrauch, daß Dinge "Energie haben", glauben läßt; siehe Quantenmechanik und $E = m \cdot c^2$.)

Abbildung 16

An diesem Beispiel lassen sich gut die vier Bereiche (Ebenen, Welten) und der Zusammenhang auf der Mittleren Säule erkennen: Das Ich (Tiphareth, Form) steht in der Mitte zwischen der es umgebenden und durchdringenden Energie (Kether, Form), aus der alles besteht, und seinem Körper (Malkuth, Form). Es ist aus der Energie nach den Naturgesetzen (Daath, Kraft: Physik, Chemie, Biologie usw.) entstanden und lenkt seinen Körper durch die Inhalte seines

Unterbewußtseins (Yesod, Kraft).

Man kann auch sagen, das Schema stelle den Menschen (6) zwischen Gott (1) und der Welt (10) oder (in mittelalterlicher Terminologie) zwischen Himmel (1) und Hölle (10) dar, wobei YESOD und DAATH die Einflüsse von Gott und Teufel auf den Menschen darstellen. YESOD und DAATH kann man auch als die beiden Pole, die beiden Kraftlinien, die beiden äußersten Möglichkeiten des Magneten TIPHARETH auffassen oder als die beiden Grenzen seines unmittelbaren Einflußbereiches.

10. Verwandte SEPHIROTH

So, wie es einen Zusammenhang innerhalb der mittleren Säule gibt, so gibt es auch einen Zusammenhang zwischen den Wassersephiroth:

Abbildung 17

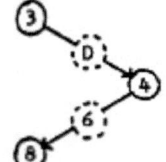

Form der Naturgesetze (Zwang)

Form der sozialen, politischen, landschaftlichen Gesetze (Ethik)

Form der psychischen Gesetze (Gedanke)

und ebenso zwischen den Wassersephiroth:

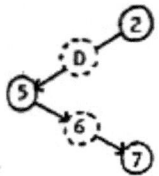

Kräfte der Naturgesetze (Zwang)

Kräfte der sozialen, politischen, landschaftlichen Gesetze (Tat)

Kräfte der psychischen Gesetze (Gefühl)

Ein weiterer enger Bezug besteht zwischen MALKUTH, der Verwirklichung in Form und Abgrenzung und BINAH, der Wurzel der Formen.

Ein ähnliches Verhältnis besteht zwischen YESOD (Mond), dem kleineren und BINAH (Yin), dem größeren weiblichen Symbol und zwischen TIPHARETH (Sonne), dem kleineren und CHOKMAH (Yang), dem größeren männlichen Symbol.

11. Die PFADE

Abbildung 18

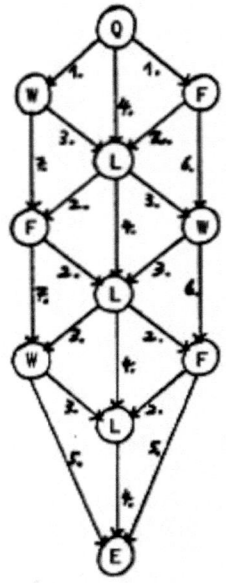

1. Analyse Kethers
2. Weg des Feuers
3. Weg des Wassers
4. Weg der Luft (weiße, mittlere Säule)
5. Weg der Erde
6. Silberne Säule
7. Schwarze Säule

Da jede Sephirah jede unter ihr liegende beeinflußt, gibt es insgesamt 55 Beziehungen: Kether beeinflußt 10 Sephiroth, Chokmah 9, Binah 8, Daath 7, Chesed 6, Geburah 5, Tiphareth 4, Netzach 3, Hod 2, Yesod 1 und Malkuth keine.

Von diesen werden traditionsgemäß nur 22 in dem Schema des Lebensbaumes dargestellt. Sie werden (wie manchmal auch die Sephiroth) als "Pfade" bezeichnet.

Abbildung 19

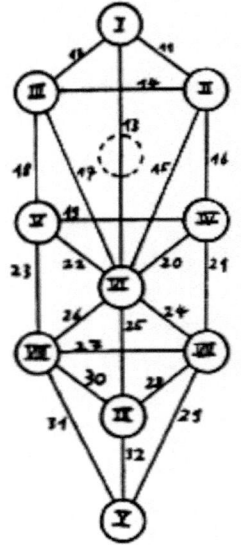

Während die Sephiroth (I - X) von KETHER aus gesehen nach MALKUTH hin zunehmend beweglicher und vielfältiger werden, sind die Pfade (11 - 32) "unten" starr und "oben" beweglich und vielfältig. Die Sephiroth sind der statische, die Pfade der dynamische Teil des Symbols. Analog zum "Blitzstrahl", der die Reihenfolge der Entwicklung der Sephiroth darstellt, zeigt die "SCHLANGE DER WEISHEIT" die Reihenfolge der Pfade von Nr. 32 (MALKUTH -YESOD) bis hin zu Nr. 11 (CHOKMAH - KETHER), den Weg der Erkenntnis oder des Erreichens, den Weg des Harmonisierens.

Abbildung 20

Die SCHLANGE DER WEISHEIT

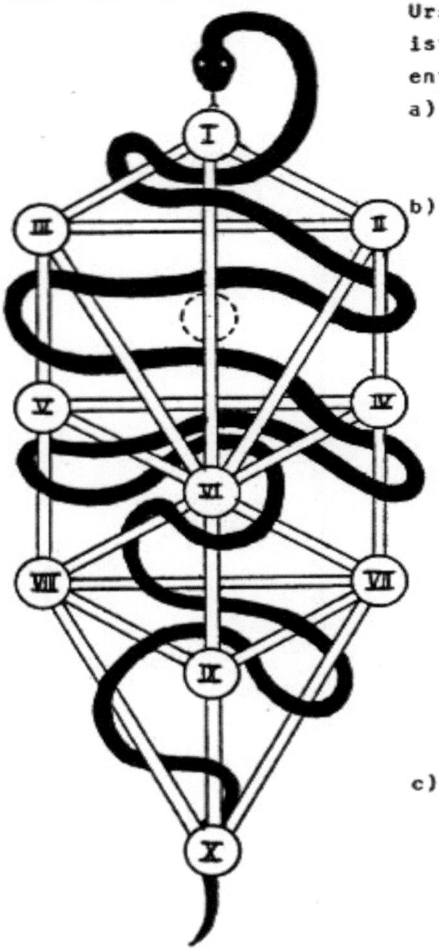

Das anfangs erwähnte Schema "Täter/
Ursache - Mittel - Beeinflußtes"
ist im Lebensbaum auf drei Weisen
enthalten:

a) Täter: das Unmanifestierte (AIN)
   Mittel: KETHER bis YESOD
   Beeinflußtes: MALKUTH

b) Täter: Form-Sephirah
   Mittel: auf sie folgende Kraft-
   Sephirah
   Beeinflußtes: auf sie folgende
   Formsephirah (in Rich-
   tung des Blitzstrahls
   gesehen)

Dies sind: 1 - 2 - 3, 1 - 2 - 4,
1 - D - 6, 3 - D - 4, 3 - 5 - 6,
3 - 5 - 8, 4 - 5 - 6, 4 - 5 - 8,
4 - 7 - 8, 4 - 7 - 10, 1 - 2 - 6,
6 - 7 - 8, 6 - 7 - 10, 6 - 9 - 10,
8 - 9 - 10; wobei die Folge TI-
PHARETH (6, Wille) - YESOD (9,
Vorstellung) - MALKUTH (10, Verwirklichung) den Beispielen von
Papus (Kutscher - Zügel - Kutsche/
Pferd) entspricht.

c) Täter: Sephirah
   Mittel: ein von ihr aus abwärts
   führender Pfad
   Beeinflußtes: die Sephirah, an
   der er endet

12. Verwandtschaften zwischen Pfaden und Sephiroth

Es gibt nun nicht nur "Verwandtschaften" zwischen einer Sephirah und einer anderen, sondern auch zwischen Sephiroth und Pfaden:

a) Sich kreuzende Pfade: Entwicklung (senkrecht) und Spannung in
   dieser Entwicklung (waagerecht).

b) Pfade auf einer der äußeren Säulen sind mit der entsprechenden
   Sephirah auf der mittleren Säule verwandt: 2-4 und 3-5 mit

31

DAATH und 4-7 und 5-8 mit TIPHARETH!

C) Eine weitere Ähnlichkeit haben auch waagerechte Pfade mit
der in der Mitte unter ihnen liegenden Sephirah, also Pfad
2-3 mit DAATH, 4-5 mit TIPHARETH und 7-8 mit YESOD; der Pfad
stellt hierbei die Spannung des Gegensatzes und die Sephirah
seinen Ausgleich dar.

Eine weitere Gliederung des Lebensbaumes ist die Unterteilung
in die durch die Pfade gebildeten Dreiecke, wobei diejenigen, die
innerhalb einer Ebene liegen (1-2-3, 2-3-D, 4-5-6, 7-8-9) die
wichtigsten sind. Weitere Beispiele: 1-2-6, 4-6-7, 8-9-10,
3-5-6, 6-7-8.

13. Die vier Welten (II)

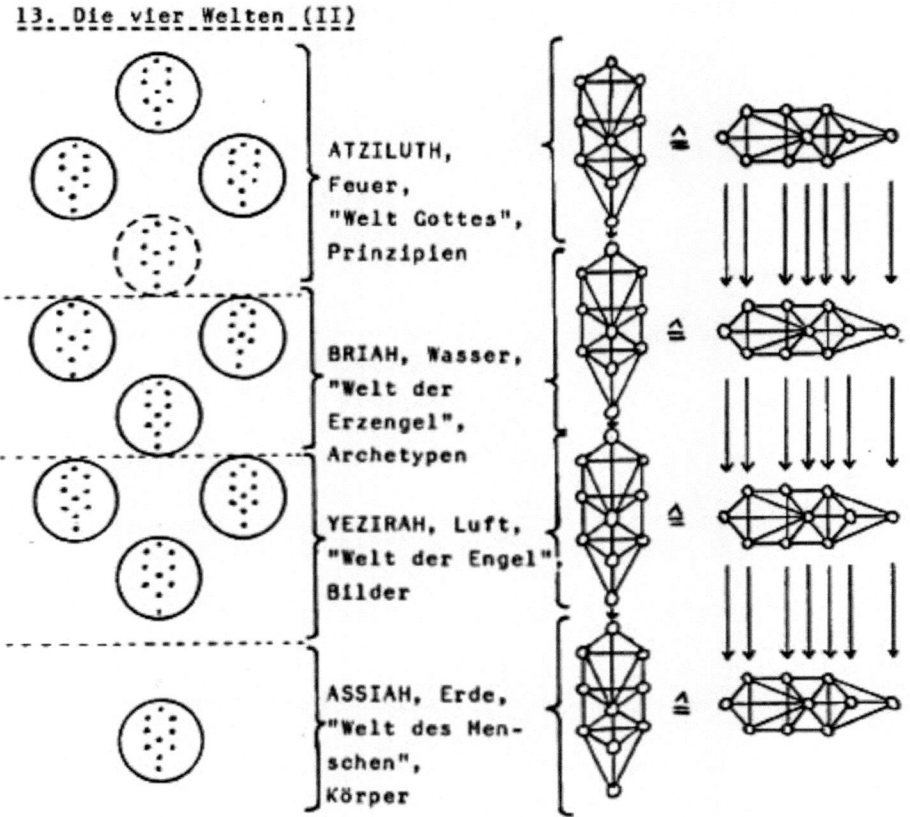

ATZILUTH,
Feuer,
"Welt Gottes",
Prinzipien

BRIAH, Wasser,
"Welt der
Erzengel",
Archetypen

YEZIRAH, Luft,
"Welt der Engel",
Bilder

ASSIAH, Erde,
"Welt des Men-
schen",
Körper

Wie beim I Ging und der Unterteilung in drei bzw. vier Elemente, gibt es auch beim Lebensbaum beliebig viele Feinunterteilungen.

a) DIE VIER WELTEN DER KABALLISTEN, die den vier Elementen entsprechen, können jeweils wieder als Lebensbaum dargestellt werden, z.B.:

1. ATZILUTH: Lebensbaum der Naturgesetze,
2. BRIAH: Lebensbaum der sozialen, politischen, landschaftlichen usw. Gesetzmäßigkeiten,
3. YEZIRAH: Lebensbaum der Psyche,
4. ASSIAH: Lebensbaum des Körpers.

Dabei kann man diese vier Lebensbäume sowohl als Folge 1-2-3-4, wobei jeweils KETHER an MALKUTH stößt und von ihm seine Einflüsse erhält, oder auch als vier Schichten vorstellen, wobei jeweils KETHER über KETHER, YESOD über YESOD, GEBURAH über GEBURAH usw. liegt. Dies ist natürlich nur die graphische Darstellung zweier Aspekte und nicht ein Gegensatz: sowohl die Entwicklungsfolge als auch die Entsprechung gleicher Sephiroth aus verschiedenen "Welten" bestehen unabhängig von der Darstellungsweise.

b) Jede Sephirah enthält wieder den Lebensbaum. Es ist allerdings fraglich, wieviele Unterteilungen noch sinnvoll sind (was allerdings auch jeweils davon abhängt, was man wissen will). Normalerweise hört man bei spätesten 4 (Welten/Elementen) mal 10 (Sephiroth) mal 10 (10 Sephiroth in jeder Sephirah) = 400 Sephiroth auf. Als Beispiel folgt der Lebensbaum der Sephirah YESOD aus dem Lebensbaum des Menschen, der die Triebe, Träume und das Unterbewußtsein darstellt (nach Freud'scher Interpretation):

Abbildung 22
. . . .

Das Unterbewußtsein:

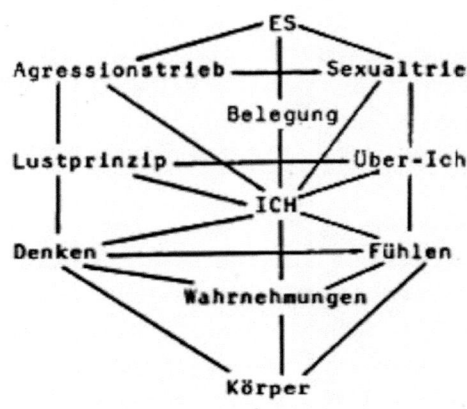

Abbildung 23
. . . .

Weg der Entstehung
eines Traumas:

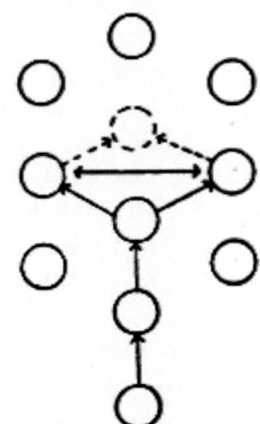

Abbildung 24
. . . .

psychische Vorgänge:

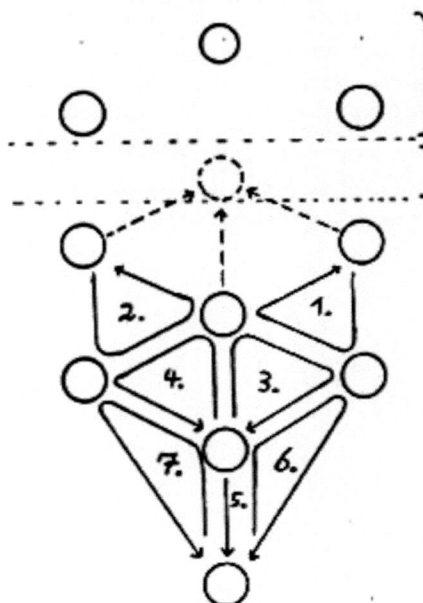

von Freud als unveränderlich
angesehen

abhängig von GEBURAH und CHESED

1. Neutralisierung
2. Verzögerung
3. Schutzangst, Phantasie
4. Realitätserkennung
5. Reflexe
6. Abwehrreaktion
7. gezielte Reaktion

ÜBER-ICH: anerzogene ethisch-moralische Ver- und Gebote

BELEGUNG: Intensität eines Bewußtseinsinhaltes, Stärke eines
       Wunsches oder einer Verdrängung

NEUTRALISIERUNG: Hemmung, Abschwächung oder Verdrängung eines
       Wunsches oder Triebes

VERZÖGERUNG: Aufschub eines Triebes oder Wunsches, da er später
       besser erfüllt werden kann

ES: die psychische Energie, die Wurzel jedes Antriebs

Der in manchen Schriften Freuds erwähnte Todestrieb ist der
(fehlgeleitete) Wunsch nach Überwindung der eigenen Grenzen
und ist somit ein Aspekt des Sexualtriebes (siehe auch bei
Wilhelm Reich: Zusammenhänge zwischen Politik, Wunsch nach
Freiheit, Triebverdrängung).

14. Die Hüter der Schwelle

Die Übergänge von einer Ebene zur nächsten haben zum Teil traditionelle Namen:

Abbildung 25

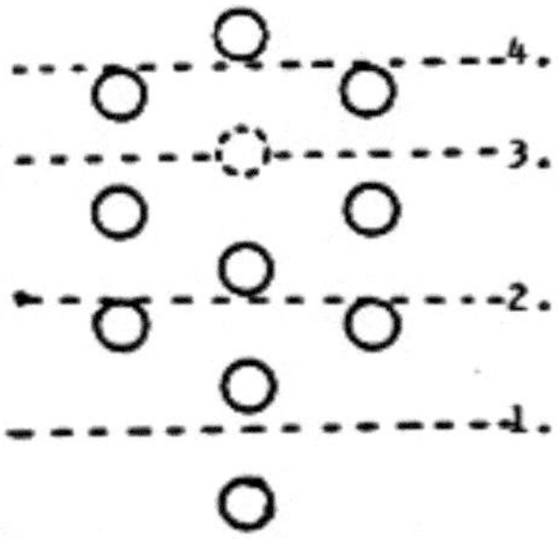

1. in der Psychologie als Sperre zwi-
schen dem Ober- (MALKUTH) und dem
Unterbewußtsein (YESOD), der "HÜ-
TER DER SCHWELLE" oder die "SCHWEL-
LE".

2. der "GRABEN".

3. der "ABGRUND".

4. ohne besonderen Namen

Die Schwellen, die Unterschiede, wie auch die Pfade allgemein,
nehmen nach "oben" hin an Größe zu; die Sephiroth liegen gewissermaßen weiter auseinander. Im Gegensatz dazu nimmt die Vielfalt der Sephiroth, ihr "Umfang" von KETHER nach MALKUTH hin
zu. Dies ist natürlich nur bildlich gemeint, da diese Kugeln
ja Symbole sind und nicht etwa auf der Erde oder im Weltall
herumfliegen.

   Genaugenommen besteht noch ein vierter Übergang zwischen
KETHER, der Grundsubstanz, und ihren Ausformungen in CHOKMAH
bis MALKUTH. An diesen Stellen, an denen neue Einheiten ent-

35

stehen, treten die Planeteneinflüsse, die traditionell in
Horoskopen dargestellt werden, auf.

Abbildung 26: Planeteneinflüsse

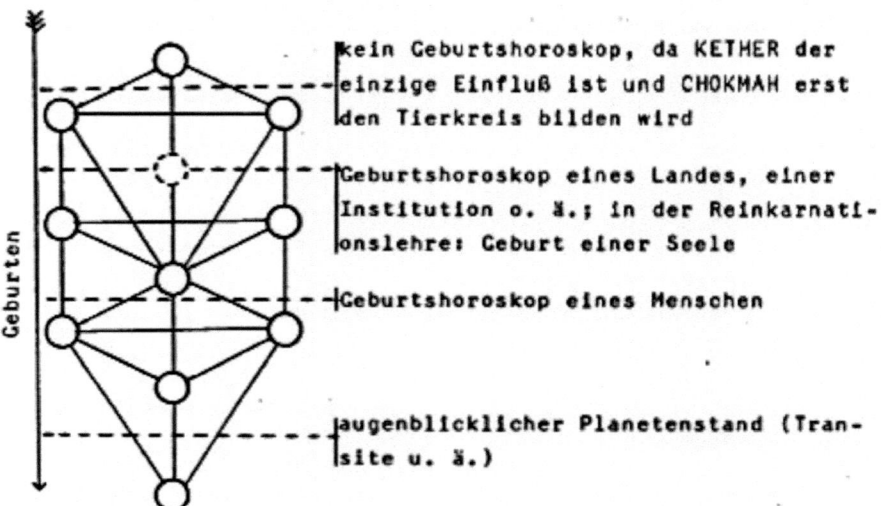

kein Geburtshoroskop, da KETHER der
einzige Einfluß ist und CHOKMAH erst
den Tierkreis bilden wird

Geburtshoroskop eines Landes, einer
Institution o. ä.; in der Reinkarnati-
onslehre: Geburt einer Seele

Geburtshoroskop eines Menschen

augenblicklicher Planetenstand (Tran-
site u. ä.)

15. Pentagramm und Hexagramm

Manchmal werden die Sephiroth DAATH bis YESOD im Hexagramm zusammengefaßt und bilden so ein Symbol der Sonne (TIPHARETH),
des Zentrums und des Gleichgewichts.

Abbildung 27: Hexagramm

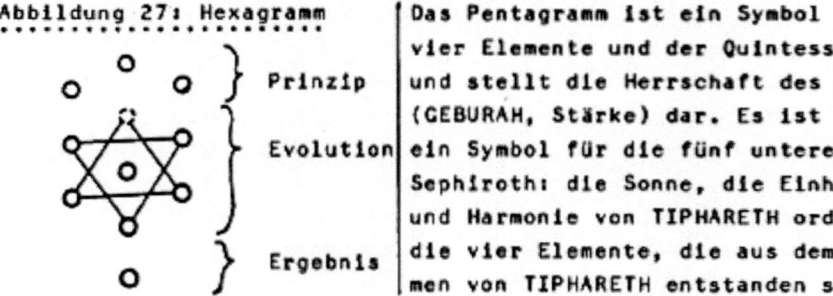

Prinzip

Evolution

Ergebnis

Das Pentagramm ist ein Symbol der
vier Elemente und der Quintessenz
und stellt die Herrschaft des Mars
(GEBURAH, Stärke) dar. Es ist auch
ein Symbol für die fünf unteren
Sephiroth: die Sonne, die Einheit
und Harmonie von TIPHARETH ordnet
die vier Elemente, die aus dem Samen von TIPHARETH entstanden sind.

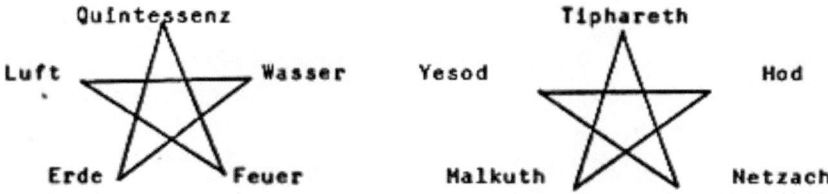

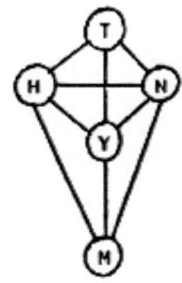

Unter den vielen Begriffen, Bezeich-
nungen und Klassifizierungen in der
kaballistischen Literatur finden sich
auch zwei bekanntere Namen: das PENTA-
GRAMM wird oft das Zeichen des Mikro-
kosmos, des Menschen, der kleineren
Einheit, genannt und das HEXAGRAMM
stellt das Zeichen des Makrokosmos,

der größeren Einheit, Gottes oder der Welt, dar. Die Analogie
zwischen beidem wird als "wie oben, so unten" ausgedrückt.

16. Die Übersetzung der hebräischen Sprüche der 32 Pfade

Zum Abschluß des abstrakteren Teils dieser Abhandlungen noch
ein besonderer Leckerbissen für den grübelfreudigen Leser:
die 32 Pfade der Weisheit, die traditionellen Sprüche, die
die Sephiroth und die Pfade charakterisieren:

A) DIE SEPHIROTH

1. (KETHER): Der erste Pfad heißt "bewundernswürdige oder verborgene Intelligenz", denn er ist das Licht, das den Uran-
   fang, der keine Ursache hat, begreifen läßt. Und er ist
   das erste Strahlen; keine Kreatur kann sein Wesen erfassen.
2. (CHOKMAH): Der zweite Pfad ist die "erleuchtende Intelligenz".
   Er ist die Krone der Schöpfung und der Glanz der höchsten
   Einheit, der er gleicht. Er ruht über jedem Haupt und wird
   von Kaballisten das Zweite Strahlen genannt.

3. (BINAH): Der dritte Pfad heißt "heiligende Intelligenz"
und ist die Grundlage der uranfänglichen Weisheit, die
Schöpferin des Glaubens genannt wird. Ihre Wurzeln sind
in AMEN. Sie ist die Mutter des Glaubens, der ihr entströmt.

-. (DAATH): ohne Text, da sie eine verborgene Sephirah, eine
neuere Konzeption, ist (es ließe sich natürlich auch heute
noch ein Daath-Spruch erschaffen).

4. (CHESED): Der vierte Pfad heißt "festigende oder empfangen-
de Intelligenz", denn sie enthält all die heiligen Kräfte
und ihr entströmen alle durch ihre Feinheit geistigen Kräfte mit den erhabensten Essenzen. Sie entströmen eine nach
der anderen durch die Macht der ersten Ausströmung, der
höchsten Krone, KETHER.

5. (GEBURAH): Der fünfte Pfad heißt "Wurzelintelligenz", weil
er der höchsten Einheit mehr als jeder andere gleicht; er
verbindet sich mit BINAH, Verstehen, das den uranfänglichen
Tiefen CHOKMAHS, der Weisheit, entströmt.

6. (TIPHARETH): Der sechste Pfad heißt "vermittelnde Intelligenz", weil sich in ihm der Fluß der Ausströmungen verviel-
fältigt; weil er diesen Ausfluß in alle gesegneten Gefäße
strömen läßt, mit denen er verbunden ist.

7. (NETZACH): Der siebente Pfad heißt "verborgene Intelligenz",
weil diese einen blendenden Glanz auf alle intellektuellen
Kräfte ausgießt, die durch die Augen des Intellekts und in
den Betrachtungen des Glaubens wahrgenommen werden.

8. (HOD): Der achte Pfad heißt "absolute und vollkommene Intelligenz", weil er das Werkzeug des Uranfangs ist; er hat
keine Wurzel, an der er sich halten und an der er ruhen kann,
außer in den verborgenen Orten GEDULAHS (=CHESED), der Herrlichkeit, aus der seine wahre Essenz ausströmt.

9. (YESOD): Der neunte Pfad heißt "reinigende Intelligenz",
denn er reinigt die Ausströmungen. Er bewahrt und verbindet
die Gestalten ihrer Entsprechungen und erhält die Einheit,
in der sie erschaffen wurden, ohne Verlust oder Teilung.

10. (MALKUTH): Der zehnte Pfad heißt "glänzende Intelligenz",
weil er über jedes Haupt erhaben ist und auf dem Throne
BINAHs sitzt; er erhellt den Glanz aller Lichter und verursacht die Ausstrahlung eines Einflusses vom Fürsten der Gesichter, dem Engel KETHERs.

B) DIE PFADE

11. (KETHER-CHOKMAH): Der elfte Pfad heißt "feurige Intelligenz", denn er ist die Essenz jenes Schleiers, der sich in unmittelbarer Nähe der Ordnungen der Ursachen befindet; und dies ist eine besondere Gnade, die ihm verliehen ist, damit es möglich wird, vor dem Antlitz der Ursache aller Ursachen zu stehen.

12. (KETHER-BINAH): Der zwölfte Pfad ist die "Intelligenz der Durchsichtigkeit", denn er ist jene Art von Herrlichkeit, die CHAZCHAZIT, Seherschaft, genannt wird, der Ort, dem die Visionen derer entströmen, die Erscheinungen sehen.

13. (KETHER-TIPHARETH): Der dreizehnte Pfad heißt "zur Einheit führende Intelligenz" und wird so genannt, weil diese die Essenz des Ruhmes ist; sie läßt jeden der Geister die Wahrheit erkennen.

14. (CHOKMAH-BINAH): Der vierzehnte Pfad heißt "erleuchtende Intelligenz" und wird so genannt, weil diese jener CHASMAL, jenes Strahlen ist, das der Begründer der verborgenen und grundlegenden Ideen der Heiligkeit und der Stufen ihrer Bereitung ist.

15. (CHOKMAH-TIPHARETH): Der fünfzehnte Pfad heißt "formende und individualisiernde Intelligenz", denn er erschafft die Substanz der Schöpfung in Wärme und völliger Dunkelheit. Er ist nach den Lehren der Philosophen jene Wärme und Dunkelheit selber, von denen die Schrift spricht (Hiob 38, 8-11), die Wärme und Dunkelheit und ihre Hülle.
(Hiob 38, 8-11; Gott spricht zu Hiob: "Wer hat das Meer mit Türen verschlossen, da es herausbrach wie aus einem Mutterleib, da ich's mit Wolken kleidete und in Dunkelheit einwickelte wie in Windeln, da ich ihm den Lauf brach mit meinem Damm und setzte ihm Riegel und Türen und sprach 'Bis hierher sollst du kommen und nicht weiter; hier sollen sich legen deine stolzen Wellen!' ?")

16. (CHOKMAH-CHESED): Der sechzehnte Pfad heißt "triumphierende oder ewige Intelligenz" und wird so genannt, weil er die Wonne der Verklärung ist, über der es keine Herrlichkeit gibt, die ihr gleicht; er wird auch das Paradies genannt, das für die Gerechten bereitet ist.

17. (BINAH-TIPHARETH): Der siebzehnte Pfad heißt "vorbereitende
    oder ordnende Intelligenz", die den Gerechten Glauben ver-
    leiht, der sie in den Heiligen Geist hüllt; er wird die
    Grundlage der Harmonie in dem Zustand der höheren Dinge ge-
    nannt.
18. (BINAH-GEBURAH): Der achzehnte Pfad heißt "Intelligenz oder
    Haus des Einflusses" (durch dessen Größe und Reinlichkeit
    der Einfluß der guten Dinge auf die erschaffenen Wesen ver-
    stärkt wird), und aus seiner Mitte entspringen die Geheim-
    nisse und verborgenen Bedeutungen, die in seinem Schatten
    wohnen und die mit ihm seit der Ursache aller Ursachen ver-
    bunden sind.
19. (CHESED-GEBURAH): Der neunzehnte Pfad heißt "Intelligenz
    des Geheimnisses aller Tätigkeiten der geistigen Wesen" und
    wird so genannt wegen des Einflusses, der von ihm ausgeht
    und den er von dem allerhöchsten und feinsten Strahlen erhält.
20. (CHESED-TIPHARETH): Der zwanzigste Pfad heißt "Intelligenz
    des Willens" und wird so genannt, weil er das Mittel ist,
    durch das alle Kreaturen und jede einzelne von ihnen im Be-
    sonderen für die Darstellung der uranfänglichen Weisheit
    vorbereitet werden.
21. (CHESED-NETZACH): Der einundzwanzigste Pfad heißt "Intelli-
    genz der Unterstützung und der Belohnung" und wird so genannt,
    weil er den göttlichen Einfluß empfängt und durch seinen Se-
    gen auf alle Existenzen wirkt.
22. (GEBURAH-TIPHARETH): Der zweiundzwanzigste Pfad heißt "treue
    Intelligenz oder Intelligenz des Glaubens" und wird so ge-
    nannt, weil durch ihn die geistigen Fähigkeiten verstärkt
    werden, die hier wachsen, bis sie zu denen kommen, die in
    ihrem Schatten leben.
23. (GEBURAH-HOD): Der dreiundzwanzigste Pfad heißt "stabile In-
    telligenz" und wird so genannt, weil er die Tugend der Sta-
    bilität und des Zusammenhangs in höherem Maße als alle ande-
    ren Pfade besitzt.
24. (TIPHARETH-NETZACH): Der vierundzwanzigste Pfad heißt "abbil-
    dende Intelligenz" und wird so genannt, weil er allen Ent-
    sprechungen, die in übereinstimmender Weise, entsprechend
    ihrem harmonischen Einklang, erschaffen wurden, eine Ähnlich-
    keit gibt.

25. (TIPHARETH-YESOD): Der fünfundzwanzigste Pfad heißt "Intel-
    ligenz der Versuchung oder der Prüfung" und wird so genannt,
    weil er die erste Versuchung ist, durch die Gott die Recht-
    schaffenden prüft.

26. (TIPHARETH-HOD): Der sechundzwanzigste Pfad heißt "erneuern-
    de Intelligenz" und wird so genannt, weil Gott - gelobt sei
    er - durch ihn alle sich wandelnden Dinge erneuert, die in
    der erschaffenen Welt erneuert werden können.

27. (NETZACH-HOD): Der siebenundzwanzigste Pfad heißt "aktive
    oder begeisternde Intelligenz" und wird so genannt, weil
    durch ihn jedes existierende Wesen seinen Geist und seine
    Bewegung erhält.

28. (NETZACH-YESOD): Der achtundzwanzigste Pfad heißt "Intelli-
    genz der Natur"; durch ihn wird die Natur aller Dinge, die
    unter der Sphäre der Sonne (=TIPHARETH) existieren, vervoll-
    ständigt und vervollkommnet.

29. (NETZACH-MALKUTH): Der neunundzwanzigste Pfad heißt "Intelli-
    genz des Körperlichen" und wird so genannt, weil er jeden
    Körper formt, der in einer der Welten geformt wird und er
    formt ebenso seine Reproduktionen.

30. (HOD-YESOD): Der dreißigste Pfad heißt "zusammenfassende In-
    telligenz", weil die Astrologen bei der Beurteilung der Ge-
    stirne und der himmlischen Konstellationen durch ihn ihre
    Schlüsse ziehen und Vervollkommnung ihrer Wissenschaft durch
    die Beobachtung der Bewegungen der Sterne erlangen.

31. (HOD-MALKUTH): Der einunddreißigste Pfad heißt "in Dauer er-
    haltende Intelligenz", aber warum wird er so genannt? Weil
    er die Bewegungen der Sonne und des Mondes in der ihnen ent-
    sprechenden Weise regelt und sie in ihnen angemessenen Bah-
    nen kreisen läßt.

32. (YESOD-MALKUTH): Der zweiunddreißigste Pfad heißt "unter-
    stützende Intelligenz" und wird so genannt, weil er die Be-
    wegungen der sieben Planeten leitet und verbindet; er lenkt
    sie alle in den ihnen angemessenen Bahnen.

Diese zweiunddreißig Sprüche sind keine Übersetzung des hebräischen Originals "Sepher Yezirah", sondern aus verschiedenen englischen und deutschen Übersetzungen entnommen und in eine möglichst verständliche Fassung gebracht. Daß sie deshalb wahrscheinlich nicht immer wörtlich dem hebräischen Urtext entsprechen, macht sie nicht unbrauchbar, da auch sie nur eine von vielen möglichen Beschreibungen des Lebensbaumes sind.

Auf den ersten Blick erscheinen diese Sprüche meist etwas verwirrend und mystisch, aber wenn man eine Weile über jeden einzelnen nachdenkt, sich seine Lage auf dem Lebensbaum vergegenwärtigt und ihn mit seinen Entsprechungen an einigen Beispielen vergleicht, werden sie bald klarer und recht nützlich. Eine Eigenart des Denkens in Analogien kann man an ihnen gut feststellen: nämlich daß ihre Bedeutung mehrere Schichten zu haben scheint, daß ihr Sinn mit der Zeit tiefer zu werden scheint, wenn man ihre Aussagen ab und zu in ganz anderen Worten an unerwarteten Stellen wiederfindet.

17. Der Tarot

Von dem Lebensbaum ist ein weiteres Symbolsystem abgeleitet worden: der Tarot. Er besteht aus je einem Symbol für einen der Pfade (11-31), denen je ein Zeichen des Zodiaks, ein Planet oder ein Element zugeordnet ist sowie einer der hebräischen Buchstaben, mit denen in der Kaballa philosophische Ideen verbunden sind. Ferner gehören je vier Symbole (pro Element eines) zu jeder Sephirah, sowie je vier Symbole zu jedem Element zusätzlich; insgesamt also 22 + 40 + 16 = 78 Symbole. Diese Symbole werden unter anderem auch zum Kartenlegen verwendet. Es ist recht nützlich, sich hin und wieder den Lebensbaum mit diesen Karten auszulegen und die Symbole zu betrachten. Uns persönlich scheinen dafür die Kartenversionen von Waite, Crowley und vom Golden Dawn am geeignetsten zu sein.

Eine ausführliche Beschreibung der Karten würde sehr viel Platz in Anspruch nehmen und da dann sinnvollerweise auch Abbildungen der 78 Karten beigefügt werden müßten, folgt jetzt nur eine Liste der Kartennamen. Die Ziffern vor den Kartenbezeichnungen geben die Pfade auf dem Lebensbaum an.

11. DER NARR (Kether-Chokmah): ALEPH, Luft/Uranus; Unwissenheit.
12. DER MAGIER (Kether-Binah): BETH, Merkur; Initiative.
13. DIE HOHEPRIESTERIN (Kether-Tiphareth): GIMMEL, Mond; Güte,
    Weisheit.
14. DIE HERRSCHERIN (Chokmah-Binah): DALETH, Venus; Fruchtbar-
    keit.
15. DER HERRSCHER (Chokmah-Tiphareth): HE, Widder; Herrschaft.
16. DER HOHEPRIESTER (Chokmah-Chesed): VAU, Stier; Autorität.
17. DIE LIEBENDEN (Binah-Tiphareth): ZAYIN, Zwillinge; Liebe,
    Entscheidung.
18. DER SIEGESWAGEN (Binah-Geburah): CHETH, Krebs; Durchset-
    zungskraft.
19. STÄRKE (Chesed -Geburah): TETH, Löwe; Beherrschung.
20. DER EINSIEDLER (Chesed-Tiphareth): YOD, Jungfrau; Wissen,
    Suche.
21. DAS LEBENSRAD (Chesed-Netzach): KAPH, Jupiter; Wandel, Auf
    und Ab.
22. GERECHTIGKEIT (Geburah-Tiphareth): LAMED, Waage; Gleichge-
    wicht.
23. DER HÄNGENDE (Geburah-Hod): MEM, Wasser/Neptun; Prüfung,
    Opfer.
24. DER TOD (Tiphareth-Netzach): NUN, Skorpion; Umwandlung, Tod.
25. MÄSSIGKEIT (Tiphareth-Yesod): SAMEKH, Schütze; Vorsicht.
26. DER TEUFEL (Tiphareth-Hod): AYIN, Steinbock; unkontrollierte
    Energie.
27. DER TURM (Netzach-Hod): PE, Mars; Zerstörung.
28. DER STERN (Netzach-Yesod): TZADDI, Wassermann; Ideale, Kunst.
29. DER MOND (Netzach-Malkuth): QOPH, Fische; Leidenschaft, Un-
    beständigkeit.
30. DIE SONNE (Hod-Yesod): RESH, Sonne; Wille, Glück, erschaffen.
31. DIE AUFERSTEHUNG (Hod-Malkuth): SHIN, Feuer/Pluto; Wandlung.
32. DAS UNIVERSUM (Yesod-Malkuth): TAU, Saturn; Gesetze.

(Es gibt ein paar Abweichungen bei der Zuordnung der Karten zu
den Pfaden, wie z.B. der Wechsel von Gerechtigkeit und Stärke,
aber die vorstehende Liste scheint uns die sinnvollste zu sein.)

Die Symbole der vier Elemente im Tarot sind: Feuer - Stäbe
(manchmal Schwert), Wasser - Kelche, Luft - Schwerter (manchmal Stäbe), Erde - Münzen/Pentakel.

1. KETHER
Feuer: Wurzel der Mächte des Feuers.
Wasser: Wurzel der Mächte des Wassers.
Luft: Wurzel der Mächte der Luft.
Erde: Wurzel der Mächte der Erde.

2. CHOKMAH
Feuer: Ekstase; Mars, Widder.
Wasser: Liebe; Venus, Krebs.
Luft: Betrachtung; Mond, Waage.
Erde: Wandel; Jupiter, Steinbock.

3. BINAH
Feuer: Herrschaft; Sonne, Widder.
Wasser: Fülle; Merkur, Krebs.
Luft: Teilung; Saturn, Waage.
Erde: Arbeit; Mars, Steinbock.

4. CHESED
Feuer: Vollendung; Venus, Widder.
Wasser: Genuß; Mond, Krebs.
Luft: Dogma; Jupiter, Waage.
Erde: Macht; Sonne, Steinbock.

5. GEBURAH
Feuer: Streit; Saturn, Löwe.
Wasser: Enttäuschung; Mars, Skorpion.
Luft: Streitgespräch; Venus, Wassermann.
Erde: Sorge; Merkur, Stier.

6. TIPHARETH
Feuer: Sieg; Jupiter, Löwe.
Wasser: Glück; Sonne, Skorpion.
Luft: Wissenschaft; Merkur, Wassermann.
Erde: Erfolg; Mond, Stier.

7. NETZACH
Feuer: Tapferkeit; Mars, Löwe.
Wasser: Maßlosigkeit; Venus, Skorpion.
Luft: Schwäche; Mond, Wassermann.
Erde: Verlust; Saturn, Stier.

8. HOD
Feuer: Schnelligkeit; Merkur, Schütze.
Wasser: Trägheit; Saturn, Fische.
Luft: Störungen; Jupiter, Zwillinge.
Erde: Sorgfalt; Sonne, Jungfrau.

9. YESOD
Feuer: Stärke; Mond, Schütze.
Wasser: Fröhlichkeit; Jupiter, Fische.
Luft: Grausamkeit; Mars, Zwillinge.
Erde: Gewinn; Venus, Jungfrau.

10. MALKUTH
Feuer: Unterdrückung; Saturn, Schütze.
Wasser: Sättigung; Mars, Fische.
Luft: Ruin; Sonne, Zwillinge.
Erde: Wohlstand; Merkur, Jungfrau.

A) FEUER (Chokmah, Vater, König)
Feuer: Herr der Flamme und des Blitzes, König der Feuergeister.
Wasser: Herr der Wellen und Wasser, König der Heere der See.
Luft: Herr der Winde und Lüfte, König der Luftgeister.
Erde: Herr des weiten und fruchtbaren Landes, Herr der Erdgeister.

B) WASSER (Binah, Mutter, Königin)
Feuer: Königin des Flammenthrons.
Wasser: Königin des Wasserthrons.
Luft: Königin des Luftthrons.
Erde: Königin des Erdthrons.

C) LUFT (Tiphareth, Sohn, Ritter/Prinz)
Feuer: Prinz des Feuerstreitwagens.
Wasser: Prinz des Wasserstreitwagens.
Luft: Prinz des Windstreitwagens.
Erde: Prinz des Erdstreitwagens.

D) ERDE (Malkuth, Tochter, Knappe/Prinzessin)
Feuer: Prinzessin der leuchtenden Flamme, Rose des Feuerpalastes.
Wasser: Prinzessin der Wasser und des Lotus.
Luft: Prinzessin des stürmenden Windes, Lotus des Luftpalastes.
Erde: Prinzessin der widerhallenden Hügel, Rose des Erdpalastes.

18. Die Planeten

Abbildung 29

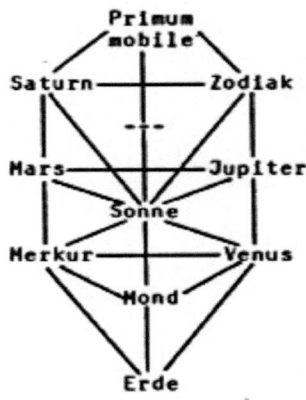

Abbildung 30

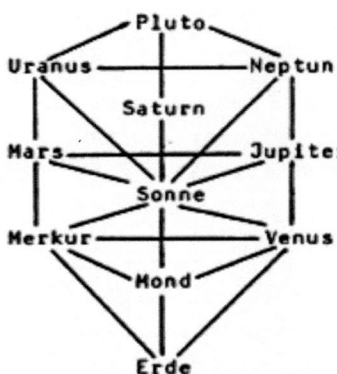

Primum Mobile bedeutet "Erste Ursache", der Zodiak ist der Tierkreis.

Die letzte hier angeführte klassische Zuordnung sind die Planeten. Sie bilden eine Reihe von Symbolen, die sich in Ausdrücken der Beweglichkeit darstellen läßt (s.S. 14/15). Links oben (Abb. 29) steht die klassische Zuordnung und rechts oben (Abb. 30) eine neuere, die die neuentdeckten Planeten außerhalb der Bahn des Saturn miteinbezieht.

Die Planeten sind nicht von vornherein Entsprechungen der Sephiroth, denn es könnte genausogut Sonnensysteme mit 15 oder nur 4 Planeten geben. Da aber sowohl die Sephiroth wie auch die Planeten eine sich entwickelnde Folge von Eigenschaften darstellen, gibt es eine Verwandtschaft zwischen beiden Systemen. In einem Sonnensystem von 15 Planeten würden mehrere Planeten einer Sephirah entsprechen und in einem Sonnensystem mit nur fünf oder sechs Planeten würden mehrere Sephiroth einem Planeten zugeordnet sein.

Die Sephirah MALKUTH, die Sphäre der Verwirklichung, entspricht der Erde, dem Planeten, auf dem wir leben, und den vier Elementen.

(Exkurs: Würden wir nicht auf der Erde, sondern auf dem Saturn leben, wäre der Saturn unser MALKUTH und die Erde einer der Planeten. YESOD müßte man dann noch einmal in einen Lebensbaum unterteilen, um auf ihm dann die 10 Monde des Saturns

(hin und wieder wird noch ein weiterer gefunden) einzuordnen;
die Reihenfolge wäre wahrscheinlich wieder: der mit der kürzes-
ten Umlaufzeit auf Malkuth und der mit der längsten nach Kether,
was man dann astrologisch überprüfen müßte; gewiß eine locken-
de Aufgabe für jeden Astrologen, nur kann man leider nicht auf
dem Saturn leben. Der Ring des Saturn, der aus Eis- und Gesteins-
brocken besteht, würde voraussichtlich dem Unmanifestierten der
Sphäre Yesod im Saturnlebensbaum entsprechen, da man ihn als
"nicht-entstandenen" Mond auffassen könnte.)

Allgemein ist das Unmanifestierte in astronomischen Lebensbäumen die galaktischen Nebel und die Interstellare Materie,
also Atome, die sich noch nicht zu Sternen (=Sonnen) zusammen-
geballt haben.

Eine kurze Darstellung des ZUSAMMENHANGS ZWISCHEN PLANETEN
UND SEPHIROTH:

1. KETHER

Die Erste Ursache und die Metamorphose des Pluto, die grund-
legende Verwandlung, deuten beide auf die überragende Bedeutung
KETHERs hin, da von ihr alle übrigen Sephiroth abhängig sind
und seine Entfaltung darstellen.

2. CHOKMAH

Der Tierkreis ist nicht eine Ansammlung von Sternen, sondern
die Ausstrahlungen einer Sonne (eines Planeten, Mondes), deren
Eckpunkte die Sonne-Planeten-Stellungen sind, die den beiden
Tag-und-Nachtgleichen und längsten Tag bzw. der längsten Nacht
entsprechen. Weiteres zu dieser Zwölferteilung siehe Seite 17.
Der Planet Neptun, das Grenzauflösende, steht in dieser Sephirah, in der noch keine Form besteht bzw. keine mehr existiert
und paßt gut zu der Auffassung, daß Chokmah die Spiegelbilder
von einzelnen Ausschnitten KETHERs seien. Diese Spiegelbilder
sind die im Tierkreis dargestellten "Ausstrahlungen". Neptun
ist auch der Planet des Verborgenen, des Geheimnisses und des
Zusammenhangs.

3. BINAH

Sie wird von dem starren, erhaltenden Formprinzip des Saturn
geprägt. Andererseits stellt sie auch als erste die Verbindun-

gen zwischen den unabhängigen Einheiten in CHOKMAH her und
entspricht somit auch Uranus, dem Planeten, der Einzelnes,
Weitauseinanderliegendes verbindet und dadurch Neues erschafft.
Somit erhält die "Obere Dreiheit" (KETHER, CHOKMAH, BINAH)
die drei sonnenfernsten Planeten, die sogenannten "Transsatur-
nier", die mit bloßem Auge nicht mehr zu sehen sind und die
astrologisch die außernormalen Kräfte (Einfall, Phantasie,
Wandlung) darstellen.

-. DAATH
Dieser Sephirah wird als der "Verborgenen" kein Planet (Klassische Planetenanalogie) oder als dem "Gesetz", dem "Hüter
der Schwelle" das Formprinzip des Saturn zugeordnet (Neue Planetenanalogie). Sie ist das Wissen, die Zeit, das Entwicklungsgesetz, der Beginn der Vielfalt und der kausalen Ordnung, oberhalb derer es nur die dreiteilige Einheit Substanz-Kraft-Form
gibt und deren Zusammenfassung und Entfaltungsmöglichkeiten
sie darstellt. Einer ihrer Aspekte ist der "Abgrund", der Übergang zur "Ebene der Prinzipien".

4. CHESED (GEDULAH)
CHESED, GEBURAH und TIPHARETH bilden die "Ebene der Systeme".
In ihnen gibt es vielfältige Möglichkeiten, wobei Jupiter als
integrierendes, zusammenfassendes und ausreifenlassendes Prinzip diese Sephirah der Synthese charakterisiert.

5. GEBURAH (PACHAD)
Sie wird durch die Tatkraft und die Energie des Mars gekenn-
zeichnet und ist die Sephirah der Analyse und der Reinigung.
Sie korrigiert die CHESED-Pläne und führt sie aus, aber sie
ist auch eine Sephirah der Erneuerung, indem sie Unbrauchbares
zerstört.

6. TIPHARETH (DIN)
Die Sonne, das Ich, die Mitte, der Kern, das Zentrum, der Wille, der Same zeigen alle, daß TIPHARETH die Essenz aus der bisherigen Entfaltung KETHERs darstellt. In unserem Sonnensystem
ist die Sonne einerseits KETHER, von dem alle Energien ausgehen
(ausgenommen Kernenergie, aus der die Sonne ihre Energie ge-

winnt, die auch im Jupiter in geringem Maße vorhanden ist
und mit der jetzt auch der Mensch seit einiger Zeit herumex-
perimentiert), der weitaus größte Körper in unserem System,
der sich in seiner Mitte befindet. TIPHARETH ist der Sohn
KETHERs, sein Aspekt in einer tieferen Ebene. KETHER ist der
astronomische und TIPHARETH der astrologische Aspekt der Sonne.
In frühen kaballistischen Schriften wird KETHER oft mit einem
großen und TIPHARETH mit einem kleinen Strahlenkranz umgeben.
Dem entsprechen die beiden Hauptsymbole der Sonne: der Schöpfer der Welt (Amun-Ra) und das Ideal des Menschen und seine
Seele (Osiris).

7. NETZACH

NETZACH, HOD und YESOD bilden die "Ebene der Individualisierung". NETZACH ist eine Analogie CHOKMAHs. Sie besteht aus den
Ausstrahlungen TIPHARETHs, die aber sehr viel vielfältiger
als die KETHERs sind. NETZACH ist das Strömen, der Einklang
mit seinem Ursprung in TIPHARETH, zu dem die Venus als Harmo-
nisierungsprinzip gut paßt. In der Astrologie wird Neptun
(CHOKMAH) die höhere Oktave, die Steigerung der Venus genannt.

8. HOD

Entsprechend ist Uranus die höhere Oktave des Merkurs (Merkur
in HOD, Uranus in BINAH; Pluto ist die höhere Oktave des Mars,
siehe Spruch des fünften Pfades). HOD ist die Erstarrung der
NETZACH-Strömungen zu Form; Merkur ist die Kombination und das
Wechselspiel der Vielfalt der Formen. Das Verhältnis des Drei-
ecks Sonne - Venus - Merkur kann man als Zukunft - Gegenwart -
Vergangenheit oder als Wille - Gefühl - Verstand darstellen.

9. YESOD

Die Mondsphäre mit ihren Gezeiten, ihren Wandlungen, ihrer
Vielfalt stellt die Kräfte dar, die von den SEPHIROTH, insbesondere TIPHARETH, NETZACH und HOD aus zur Formung MALKUTHs
drängen und die sich ständig ändernden Zusammenstellungen,
Gleichgewichte und Kräfteverhältnisse. Sie ist gewissermaßen
ein Trichter, der die übrigen Einflüsse zusammenfaßt und verbindet bzw. gegenseitig neutralisiert.

10. MALKUTH

Dieser Sephirah der Verwirklichung ist der Planet, auf dem wir leben, die Erde, zugeordnet. Sie ist die Sphäre der Abgrenzungen und Unterscheidungen; sie ist der Bereich, auf dem wir gewachsen sind. Würden wir auf dem Jupiter leben, so wäre dieser MALKUTH und die Erde einer der Planeten. Die Erde taucht in der Astrologie nicht auf, da sie ein ständiger und gleichbleibender Einfluß und unser Beobachtungsstandpunkt ist. Es wäre natürlich sehr interessant zu wissen, welche astrologischen Eigenschaften die Erde bezüglich der anderen Planeten hat. Damit befaßt sich speziell die heliozentrische Astrologie, auf die wir jedoch nicht näher eingehen können. Man kann MALKUTH den Aszendenten zuordnen.

19. Bücher

Es wäre nun durchaus möglich, über jede Sephirah und jeden Pfad dicke Bücher zu schreiben, aber damit hätte man die Analogiedenkweise völlig verfehlt. Das Sammeln von Beispielen und viele Einzelabhandlungen über isolierte Themen entspricht eher dem kausalen Denken. Was wichtig ist, ist das Verständnis der Strukturen und besonders der Pfade des Lebensbaumes. Ihren Wert erkennt man erst dann, wenn man einen großen Teil seines Wissens und seiner Erfahrungen "kaballistisch verarbeitet" und in den Lebensbaum einsortiert hat. Wenn sich dann diese Denkweise genau wie unsere gewohnte Kausallogik zu verselbständigen und mühelos abzulaufen beginnt, ändert sich nach und nach der geistige Überblick und die Weltanschauung und es entsteht ein neues Verständnis für die Dinge, die man sieht und erlebt.

Wer einmal ein Buch über die Sephiroth und die Pfade lesen will, kann sich folgendes beschaffen: Gareth Knight, A Practical Guide To Qabalistic Symbolism (New York 1978).

Nur von den Sephiroth, aber noch ausführlicher, handelt: Dion Fortune, The Mystical Qabalah (London, 1970 ff.).

Eine gute Einführung ist: Zev ben Shimon Halevi, Der kabbalistische Weg zur Bewußtseinserweckung (Freiburg 1975).

Ein Roman über den Lebensbaum (ohne daß er oder die Kaballa erwähnt werden) ist: Hermann Hesse, das Glasperlenspiel (Zürich 1943, 2 Bde. ff.).

Die Anwendung des Lebensbaumes auf die Psyche behandelt:
Jeff Love, Die Quantengötter (Köln, 1976).

Eines der älteren Standardwerke zur esoterischen Kaballistik: Papus; Die Kaballa, Einführung in die jüdische Geheimlehre (Wiesbaden, o. J.).

Bardons Schwerpunkt liegt auf Quabalah und Magie sowie den vier Elementen: Franz Bardon, Der Schlüssel zur wahren Quabbalah (Freiburg, 1957).

Scholems Werke sind Einführungen in die orthodoxe jüdiche Mystik und haben mit "esoterischer Kaballistik" relativ wenig zu tun. Gershom Scholem: Von der mystischen Gestalt der Gottheit (Frankfurt/Main, 1977); Und alles ist Kaballah! (München, 1980); Die Geheimnisse der Schöpfung (Frankfurt/Main, 1971); Judaica I - III (Frankfurt/Main, 1970); Zur Kaballah und ihrer Symbolik (Zürich, 1960).

Eine detaillierte Erklärung der Sephiroth, der Pfade und der Zuordnungen zum Tarot: James Sturza ker, Kaballistic Aphorisms (London + Adyar, 1971). Eine an den Laien gerichtete Einführung in die kaballistische Betrachtung des Lebensbaumes: ders., First Steps to Kabbalah (London, 1978).

Folgendes Werk befaßt sich mit der kabalistischen Buchstaben- und Zahlenmystik und bietet ein ausgereiftes System der Analogien und Korrespondenzen (Liber 777): Aleister Crowley, Quabalah of Aleister Crowley including Gematria, Liber 777, Sepher Sephiroth; Introduction by Israel Regardie (New York, 1973 ff.).

In folgendem Werk geht es vor allem um die vier Welten der Kaballah und den Parallelen zu den Erfahrungen mit LSD: Mahamudra, Kabbala der Extase, ein neues psychisches Modell (Bonn, 1981).

In den beiden ersten Büchern wird auch viel Mystik behandelt, aber das ist, wie gesagt, nur eines der möglichen Anwendungsgebiete. Der Lebensbaum kann von Mathematikern und Biologen gebausogut wie von Magiern und Mystikern benutzt werden. Er stellt nur eine Struktur, eine innere Logik dar und kann ohne weiteres sogar auf frei erfundene Dinge angewendet werden.

20. Die Qlippoth

Zu den SEPHIROTH gibt es Gegenstücke, die QLIPPOTH. Diese
Stellen die ins Ungleichgewicht geratene, über- oder unterbe-
tonten Sephiroth und somit das "Böse" dar. Sie sind kein eigenständiger Lebensbaum, sondern die Personifizierung der Störungen in den Sephiroth.

(Man kann sich die QLIPPOTH auch als "Schatten-Sephiroth"
vorstellen, die genauso real wirksam und faßbar sind, wie die
SEPHIROTH selbst (dualistische Weltanschauung). "Wie das Oben,
so das Unten" - wenn wir diesen Satz aus der Hermetik auf den
Lebensbaum anwenden, dann entsprechen die SEPHIROTH dem Oben,
dem Licht, dem sogenannten "Guten", die QLIPPOTH jedoch dem
Unten, dem Dunkel, dem sogenannten "Bösen". Manche Autoren
gehen sogar soweit, SEPHIRAH und QLIPPOTH als komplementäre,
gleichwertige Faktoren oder Aspekte zu betrachten, und postu-
lieren sogar einen "Spiegel-Lebensbaum", in dem - in der Welt
von Assiah - KETHER mit MALKUTH vertauscht werden. Hier werden
die Qlippoth jedoch in ihrer Funktion als Störungen betrachtet.
Anm. d. Hrsg.)

Störungen erscheinen auf dem Lebensbaum immer als Ungleichgewicht und Ungleichgewichte entstehen durch die Behinderung
des Flusses von KETHER nach MALKUTH und diese Behinderungen
sind Erstarrungen einzelner Teile des Lebensbaumes, die wie
ein Damm vor sich (in Richtung KETHER) eine Übersteigerung
der Sephirah und hinter sich (in Richtung MALKUTH) eine Unter-
versorgung hervorrufen.

Komplexe in der Psyche sind ehemals sinnvolle Schutzmaßnah-
men gewesen, die dann aber erstarrt und nach dem Ende der Gefahr weiterhin aktiv geblieben sind und anstatt sich der ver-
änderten Lage anzupassen, weitergewachsen und schließlich über-
mäßig einflußreich geworden sind.

Auf dieselbe Art ist aus Pan, dem Gott des Naturlebens, durch
die Tendenz der Triebverdrängung in der christlichen Kirche
die Gestalt des Teufels geworden. Solange Pan sich ausleben
konnte, fügte er niemandem Schaden zu, aber nachdem ihn die
Christen eingesperrt hatten, geriet seine Energie unter "Über-
druck" und seine "Entladungen" riefen nun wirklich Schäden
hervor, woraufhin er hinter noch dickeren Mauern eingesperrt
wurde.

Die Gleichgewichte und ihre Störungen werden in den Tugenden und Sünden (Todsünden aus der christlichen Ethik) der Sephiroth dargestellt:

10. MALKUTH
Tugend: Unterscheidungskraft.
Laster: Gier, Trägheit.
QLIPPOTH: Königin der Nacht und der Dämonen.
Vision: Viosion des Heiligen Schutzengels.

9. YESOD
Tugend: Unabhängigkeit (die ohne Unterscheidungskraft nicht
        möglich wäre).
Laster: Müßigkeit.
QLIPPOTH: Die Obszönen.
Vision: Vision der Maschinerie des Universums.

8. HOD
Tugend: Wahrheitsliebe (die Erkenntnis der Wahrheit fußt auf
        den Tugenden von Malkuth und Yesod).
Laster: Falschheit, Unehrlichkeit.
QLIPPOTH: Der Lügner oder das Gift Gottes.
Vision: Vision der Herrlichkeit.

7. NETZACH
Tugend: Selbstlosigkeit.
Laster: Unreinheit/Unkeuschheit, Lust (Freud hätte hier wegen
        der Keuschheit sicher einige Bedenken, wenn er auch
        vielleicht mit der Tugend ganz einverstanden wäre).
QLIPPOTH: Die Raben des Todes.
Vision: Vision der triumphierenden Schönheit.

6. TIPHARETH
Tugend: Sich dem Großen Werk widmen, das heißt, Suche nach
        Selbsterkenntnis.
Laster: Stolz.
QLIPPOTH: Die Streitenden.
Vision: Vision der Harmonie aller Dinge, Kreuzigungsmysterium
        (wenn man etwas erreichen will, muß man dafür arbeiten

und Leid ertragen: "Graben" unterhalb von TIPHARETH;
auch die unter Mystikern, Yogis und Magiern weltweit
verbreitete Vision des Sonnenaufgangs gehört zu dieser
Sonnen-Sephirah).

5. GEBURAH

Tugend: Energie, Mut (erst dann eine Tugend, wenn man sich in
TIPHARETH gefunden hat).
Laster: Grausamkeit, Zerstörung.
QLIPPOTH: Die, die alles verbrennen.
Vision: Vision der Macht.

4. CHESED

Tugend: Gehorsam (nur wenn die Tugenden von TIPHARETH und GE-
BURAH erreicht sind, wird Gehorsam zur Tugend; man ge-
horcht sich und seinen Idealen).
Laster: Mitläufertum, Scheinheiligkeit, Schlemmerei, Tyrannei.
QLIPPOTH: Die, die alles in Stücke zerbrechen.
Vision: Vision der Liebe.

-. DAATH

Tugend: Absonderung, vollkommene Gerechtigkeit, Vertrauen in
die Zukunft.
Laster: Zweifel an der Zukunft, Feigheit (Die Laster, die Saturn, also meist auch BINAH zugeordnet sind, gehören
nach DAATH, weil in KETHER, CHOKMAH und BINAH noch keine Störungen des Gleichgewichtes auftreten können (es
sei denn, man ist überzeugter Dualist), da sie ein-
deutig bestimmt sind und es erst ab DAATH mehrere Entwicklungsmöglichkeiten gibt. Laster des Saturn: Gier,
wie in MALKUTH, der endgültigen Ausprägung der ersten
Formen in BINAH).
QLIPPOTH: (Uns ist keine Benennung dieser "Verborgenen Qlippoth" bekannt; sie könnte "Die Gesetzlosen" oder "Das
Haupt der Elfköpfigen, Gehörnten Schlange" genannt werden. Dieses zoologisch sicher bemerkenswerte Reptil,
Leviathan mit Namen, ist die Personifikation des "Bösen",
der Störungen in den Sephiroth des Lebensbaumes).
Vision: Vision über den Abgrund.

3. BINAH

Tugend: Schweigen.

Laster: (keine traditionellen, Vorschlag: eigenmächtiges Handeln, Absonderung).

QLIPPOTH: Die, die verbergen.

Vision: Vision des Leides (die Form verursacht die Trennung, die die Wurzel des Leides ist).

2. CHOKMAH

Tugend: Ergebenheit.

Laster: (keine traditionellen, Vorschlag: Unaufmerksamkeit, oberflächliches und verstreutes Interesse).

QLIPPOTH: Die, die behindern.

Vision: Die Vision Gottes von Angesicht zu Angesicht.

1. KETHER

Tugend: Kenntnis, Vollendung des Großen Werkes.

Laster: (keine traditionellen, Vorschlag: Isolation, Abspaltung).

QLIPPOTH: Die zwei widerstreitenden Kräfte.

Vision: Vereinigung mit Gott (Unio Mystica).

21. Sprichwörter

Es ist sehr nützlich, Sprichwörter und Paradoxone in den Lebensbaum einzuordnen, da sie meist Symbole sind und somit Analogiecharakter haben. So paßt z.B. "Gleich und Gleich gesellt sich gern" zu der Funktionsweise YESODs; "Ungleiches zieht sich an" beschreibt das Verhältnis der Gegensätze CHOKMAH-BINAH, CHESED-GEBURAH und NETZACH-HOD zueinander; "Ehe etwas besser wird, muß es erst schlimmer werden" beschreibt die Übergänge von einer Dreiheit zur nächsten und kann sich sowohl auf eine Revolution (was aber nicht heißen soll, daß es nach jeder Revolution besser wird...) als auch auf ein Fieber beziehen. Der Gottesname KETHERs, "Eheieh", ist der einfache Satz "Ich bin Ich" und die beste Definition KETHERs, da es in ihm keine Teilung (und somit auch kein Denken) gibt. "Stille Wasser sind tief" könnte man BINAH zuordnen usw.

22. Vergleiche von Lebensbäumen verschiedener Bereiche

Wenn man ein bischen Übung darin hat, Wissen und Erlebnisse in das Strukturschema des Lebensbaumes einzuordnen, ist eine der interessantesten Beschäftigungen, analoge Zusammenhänge aus verschiedenen Bereichen zu vergleichen und über die Analogie nachzudenken, wobei der eine Zusammenhang den anderen erhellt. Zur Erläuterung folgendes Beispiel:

Jemand, der an Reinkarnation (d.h. mehrfache Wiedergeburt) glaubt, hätte etwa folgendes Weltbild:

Abbildung 31

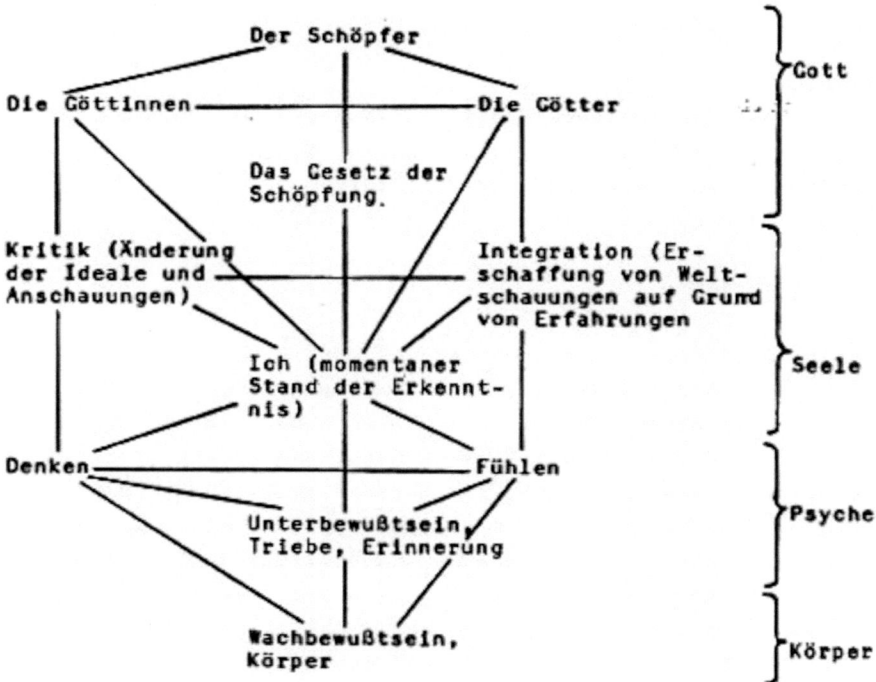

Ein geplagter Mathematikstudent wird vielleicht, wenn er Kaballist ist, im ersten Semester folgenden Lebensbaum der Vektortheorie aufstellen:

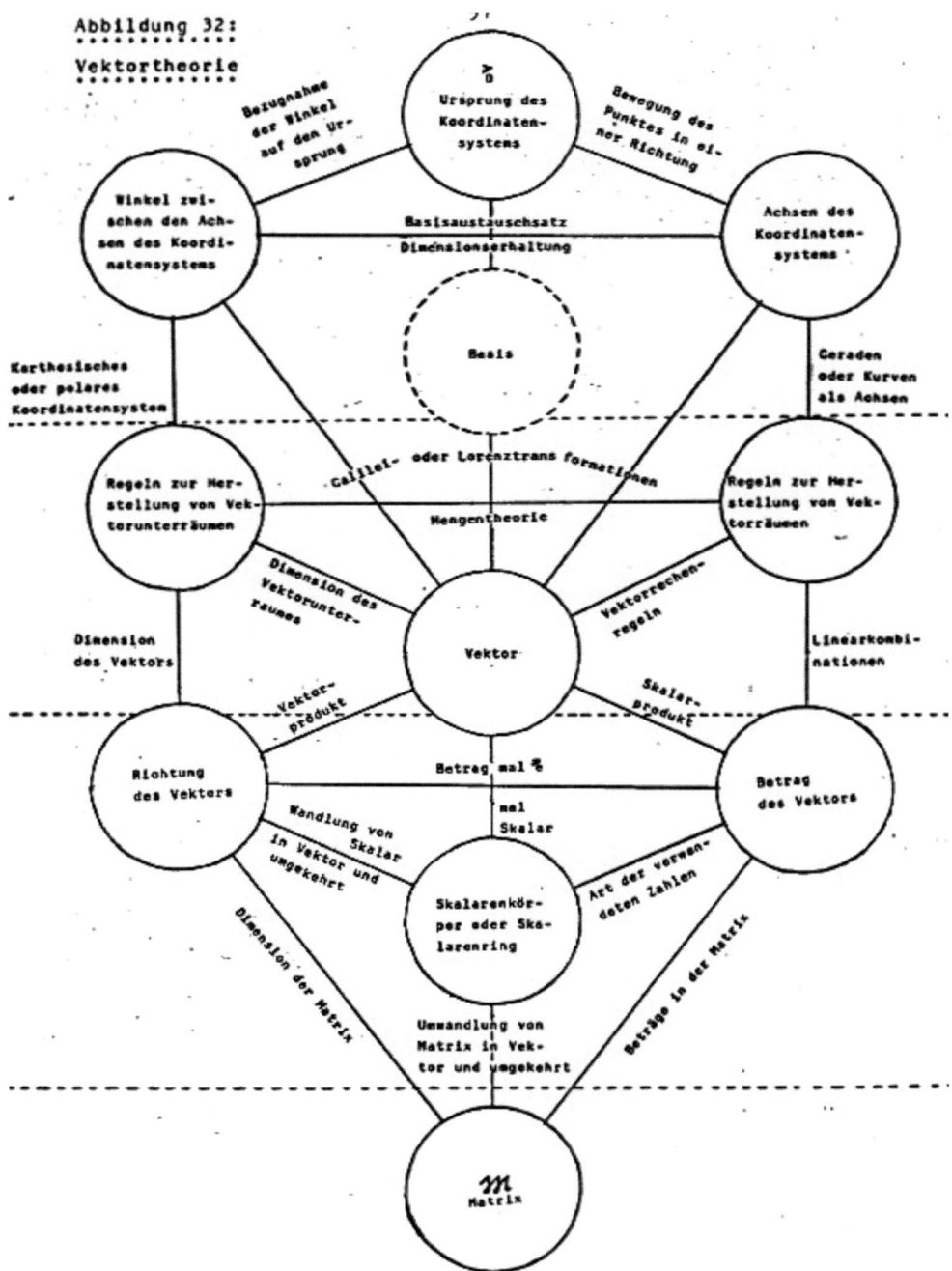

Abbildung 32:

Vektortheorie

Ursprung des Koordinatensystems

Bezugnahme der Winkel auf den Ursprung

Bewegung des Punktes in einer Richtung

Winkel zwischen den Achsen des Koordinatensystems

Achsen des Koordinatensystems

Basisaustauschsatz
Dimensionserhaltung

Basis

Karthesisches oder polares Koordinatensystem

Geraden oder Kurven als Achsen

Regeln zur Herstellung von Vektorunterräumen

Galilei- oder Lorenztransformationen

Mengentheorie

Regeln zur Herstellung von Vektorräumen

Dimension des Vektorunterraumes

Vektorrechenregeln

Dimension des Vektors

Vektor

Linearkombinationen

Vektorprodukt

Skalarprodukt

Richtung des Vektors

Betrag mal %

Betrag des Vektors

Wandlung von Skalar in Vektor und umgekehrt

mal Skalar

Art der verwendeten Zahlen

Skalarenkörper oder Skalarenring

Dimension der Matrix

Umwandlung von Matrix in Vektor und umgekehrt

Beträge in der Matrix

𝔐 Matrix

57

Beim Vergleich der beiden Lebensbäume wird man feststellen,
daß die Beziehung des Menschen (Ich, TIPHARETH) zu Gott (KE-
THER) der Lorenztransformation (KETHER/CHOKMAH/BINAH - TIPHA-
RETH) entspricht, die nichts anderes als die Relativitätstheorie ist. Dies ist gewiß ein Zusammenhang, über den es sich
nachzudenken lohnt.

Es sei hier noch eine kleine Warnung an das Entweder-Oder-
Denken angefügt: Es wäre unsinnig, sich vor die Entscheidung
gestellt zu sehen, ob man nun "kaballistisch-analogisch" oder
"kausal-logisch" denken solle, denn beide Deutungen geben Antworten auf verschiedene Fragen und beide beschreiben existierende Zusammenhänge. Unser gewohntes Denken ist für die Frage
"Wie entwickelt sich diese Angelegenheit weiter?" konstruiert,
während der Lebensbaum die Frage "In welchem Zusammenhang steht
diese Sache zu anderen Dingen?" beantwortet. Die Denkweise
hängt also einzig und allein von dem ab, was man wissen und erreichen will. Dabei unterstützen sich Kausaldenken und Analogie, indem die zweite Entwicklungsmöglichkeiten, -einflüsse
und -störungen zeigt und das erste Einzelheiten beschafft, aus
denen das zweite dann auf weitere Einzelheiten schließen und
nach denen dann gezielt gesucht werden kann. Die Analogien
verknüpfen die vielen Einzelereignisse unserer Kausaldenkweise
zu einem organischen Gebilde, einem Lebensbaum, in dem beide
Denkarten nach und nach eine neue Einheit werden.

23. "Es ist alles schon mal dagewesen."

Vor 4000 Jahren schrieb im Alten Ägypten ein gewisser Kha-khe-
perra-seneb: "O wenn ich doch einen unbekannten Gesang haben
könnte, ungewöhnliche Gedanken, neue Worte, die noch nicht ab-
gegriffen sind und ohne Wiederholungen. Aber nichts kann mehr
an die Worte der Alten heranreichen. Was ich mir mühsam abringe,
ist nur wie der Abfall derer, die je gesprochen haben, denn
man wiederholt nur das, was bereits gesagt worden ist, und
auch das wurde schon einmal gesagt."

Diese Klage ist auch heute noch nicht verklungen; sie liegt
in der geradlinig-kausalen Weltauffassung begründet: Streben
nach Neuem, Kreativität wird dem Entdecken von Neuem gleichge-
setzt, Selbstbestätigung durch Konkurrenzkampf, gut ist nur der

Erste, Rangfolgen, Denkfähigkeit gleich Intelligenzquotient;
jeder versucht jeden zu überbieten - bis zum Herzinfarkt.
Wenn man aber sieht, daß alles schon einmal dagewesen ist,
sich alles wiederholt, alles Analogien sind, warum dann nach
neuem streben und hetzen?, warum sich dann nicht setzen und
die Blume vor sich betrachten?

An die Stelle des Neuen, der Suche nach Unbekanntem, tritt
dann die Versenkung, das Streben nach Intensität. Man isoliert
sich nicht mehr von der Welt und sucht nach Vielfalt, sondern
man gliedert sich ein und sucht nach Tiefe. Dann mißt man Verstand nicht mehr in IQ, sondern sucht nach geistiger Klarheit,
einem Zustand ohne Mehr oder Weniger. Dann heißt es nicht mehr
"Wer hat das Meißte?", sondern "Hat er die Fähigkeit?"

Der ideale Zustand auf dem Lebensbaum ist die Klarheit des
Denkens, des Fühlens und des Handelns, die auf Unterscheidungskraft beruht und er ist die Bewegung, das Strömen ohne Hinder-
nisse von KETHER bis MALKUTH und von MALKUTH bis KETHER. Ob
man einen Kernphysiker oder einen Dakotaschamanen fragt, was
das Wesen der Welt sei, die Antwort ist diegleiche: Bewegung.

    "Bewegung ist Leben und
     Starre ist Tod."

24. Maya

Es heißt, alle Wahrnehmung sei nur Schein und Trug, eine Illusion, die man, wie Crowley richtig bemerkt, nur schwer los-
wird. In der Kaballa wäre nach dieser Ansicht nur Kether oder
gar nur AIN SOPH AUR wirklich existent. Wenn man sich aber
einmal umschaut, sieht man nicht Einheit, sondern Vielfalt:
MALKUTH. Auch wenn wir vielleicht diese Vielfalt unklar, ver-
zerrt, einseitig und verdreht sehen, bleibt doch die Frage:
Was hat zu dieser Vielheit geführt, was ist die Ursache dieser
"Illusion"? - KETHER ist MALKUTH und MALKUTH ist KETHER. -
In KETHER ist die Möglichkeit MALKUTHs enthalten; diese erste
Sephirah ist zwar das Eine-Alles-Einzige, aber sie ist nicht
steril, sondern hat die Eigenschaft, die zu allen Eigenschaf-
ten in der Folge der Sephiroth führt, so wie aus der Energie
subatomare Teilchen, aus diesen Atome, dann Moleküle, Zellen,
Lebewesen, Familien, Staaten entstehen.

Jede Sephirah hat ihre eigene Ebene, ihre eigenen Einheiten:
physikalische, psychologische, ethische, politische, biologische, soziale usw. Es beginnt in MALKUTH mit Vielheit, Vereinzelung und Streuung und nimmt nach KETHER hin an Zusammenhang,
Einfachheit und Intensität zu.

II Die Anwendung des Lebensbaumes

25. Zwei Fragen

Es gibt am Anfang zwei Aufgabenstellungen: die eine lautet
"In welchen Zusammenhängen steht diese Sache mit anderen?"
und "Welche innere Struktur enthält diese Sache?".
    Die zweite Frage ist die einfachere. Dabei ist aber zu be-
achten, daß die betrachtete Sache vollständig, ein organisches
Ganzes sein muß, in dem demnach alle Sephiroth enthalten sind.

Aufgabe 6:

Suchen Sie weitere Dinge, die den ganzen Lebensbaum enthalten:
Mensch, Zelle, Vektortheorie, Pflanze, Staat, Wasserkreislauf
in der Natur, Atomkraftwerk, Mystik, Kaufhaus, elektrischer Ofen,
Stadt,

Als erstes wird nun TIPHARETH gesucht. Diese Sephirah ist der
Kern, der Same, die Mitte, die Sonne des Ganzen:

        Mensch   - Ich
        Zelle   - Zellkern
        Vektortheorie - Vektor
        Pflanze   - Zelle, Metabolismus
        Staat   - Bürokratie

Als nächstes wird dann MALKUTH, das Ganze, das Endprodukt, die
geformte Substanz, die Grenze ausfindig gemacht:

        Mensch   - Körper
        Zelle   - Zellwand
        V.-theorie-   - Matrix
        Pflanze   - Gesamtheit der Zellen
        Staat   - Land (Boden)

Nun folgt die dritte und letzte Formsephirah der mittleren
Säule, KETHER, der Ursprung, die Grundsubstanz, die Spitze:

        Mensch   - Fähigkeit, zu sein (Existens)
        Zelle   - Zellwand
        V.-theorie- Ursprung des Koordinatensystems
        Pflanze   - Same
        Staat   - Monarch, Kanzler

Nun sucht man am besten die drei Gegensatzpaare CHOKMAH-BINAH:

        Mensch   - C.: Fähigkeit, sich zu entwickeln
                      B.: Fähigkeit, sich zu erhalten
        Zelle   - C.: männliche Geschlechtszelle
                      B.: weibliche Geschlechtszelle
        V.-theorie- C.: Koordinatenachsen
                      B.: Winkel zwischen den Koordinatenachsen
        Pflanze   - C.: Staubfäden
                      B.: Stempel
        Staat   - C.: nationale Ideale
                      B.: Verfassung

und CHESED-GEBURAH:

        Mensch   - C.: Einstellungen, Anschauungen
                      G.: Taten
        Zelle   - C.: Plastiden
                      G.: Mitochondrien
        V.-theorie- C.: Vektorräume
                      G.: Vektorunterräume
        Pflanze   - C.: Zellteilung, Assimilation, Anabolismus
                      G.: Zelldifferenzierung, Dissimilation, Katabo-
                                                                  lismus
        Staat   - C.: Legislative
                      G.: Judekative

und NETZACH-HOD:

        Mensch   - N.: Gefühl
                      H.: Denken
        Zelle   - N.: Ribosomen
                      H.: Golgiapparat
        V.-theorie- N.: Betrag des Vektors
                      H.: Richtung des Vektors

```
Pflanze    - N.: A.T.P. (Energieträger)
             H.: Tracheen (Leitungssystem)
Staat      - N.: Kunst
             H.: Wissenschaft
```

Jetzt brauchen nur noch YESOD und DAATH eingesetzt zu werden,
die nun, da die anderen Sephiroth bereits festliegen, leicht
zu erkennen sind. Diese Reihenfolge braucht natürlich nicht
strikt eingehalten zu werden, aber sie ist die einfachste.
Der Lebensbaum der Vektortheorie ist auf der Seite 57 zu finden.

Abbildung 33: Der Mensch

Abbildung 34: Die Pflanze

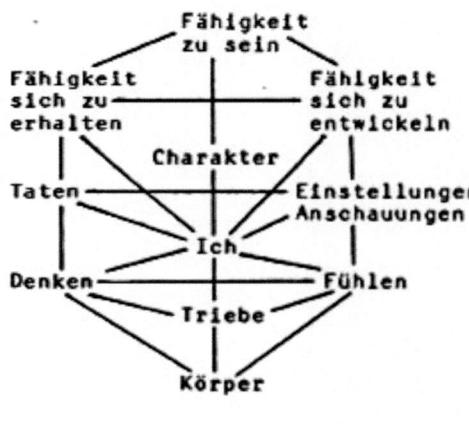

ANMERKUNG ZU DEN PFLANZEN: Die
Wurzeln, Äste und Blätter treten im Lebensbaum nicht auf, da
sie keine Funktionen, sondern nur die Orte dieser Funktionen
sind; so werden sie z.B. alle durch ein Leitungssystem verbunden, in dem Wasser, A.T.P. und andere Rohstoffe transportiert
werden. Die Photosynthese in den Blättern gehört zur Assimilation in CHESED. Die Unterteilung in Äste, Blätter usw. paßt
noch am ehesten zu YESOD (Zellgruppen).

Abbildung 35: Der Staat
....
(nach Gareth Knight)

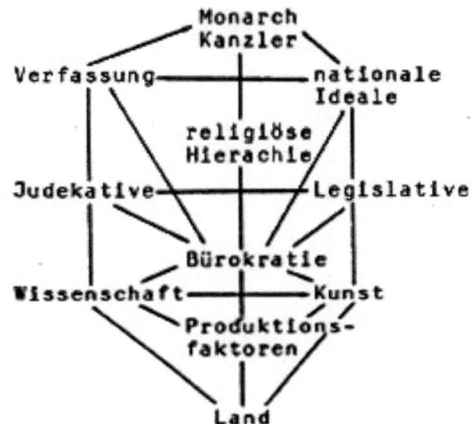

Abbildung 36: Der Staat
....
(nach Z'ev ben Shimon Halevi)

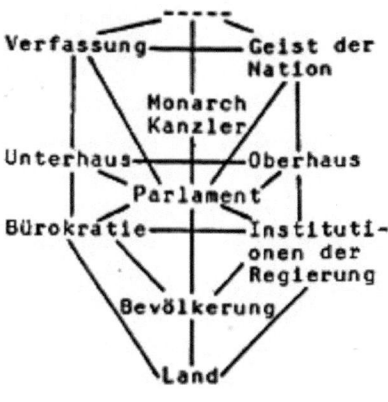

Der Lebensbaum eines Staates hängt natürlich von seiner Verfassung, den Befugnissen der verschiedenen Institutionen und von der Ideologie dessen ab, der ihn aufstellt.
Produktionsfaktoren: Arbeitskraft, Boden, Maschinen, Kapital usw.
Unterhaus = Bundestag; Oberhaus = Bundesrat.
Der Lebensbaum der Zelle folgt auf Seite 83.

Hieran schließt sich die Untersuchung der Pfade, der Beziehungen zwischen den Sephiroth, an. Manchmal helfen auch die Pfade, die Sephirah zu bestimmen, wenn man einmal Zweifel hat.

Um diese Gliederung durchzuführen, ist es natürlich notwendig, zumindest die Grundlagen eines Bereiches zu kennen. Andererseits hilft der Lebensbaum bei der Orientierung in neuen Bereichen.

Eine weitere Hilfe ist er bei der Erinnerung, denn Dinge, die man sich in Form dieser Struktur gemerkt hat, vergißt man nicht so schnell, da die Struktur schon im Gedächtnis vorhanden ist. Fehlende Teile würden sofort bemerkt werden und da die Eigenschaften der entsprechenden Sephirah bekannt sind, können sie schnell wiedergefunden werden.

Diese Gedächtnishilfe läßt sich natürlich nicht auf Zahlen,
Namen, chemische Formeln und ähnliches anwenden, da sie nur
die Gliederung eines Bereiches darstellt.

Bei der Beantwortung der Frage "In welchem Zusammenhang
steht diese Sache mit anderen Dingen?" muß man sich auch als
erstes einmal mit dem entsprechenden Bereich befassen. Als
zweites wird untersucht, ob die in Frage stehende Sache eher
ein Gegenstand, eine Struktur (Sephirah) oder ein Vorgang
(Pfad) ist. Im zweiten Fall ist es wahrscheinlich am einfachs-
ten, den Lebensbaum des entsprechenden Bereiches zu konstru-
ieren und dann den Vorgang einzuordnen.

Ist die Sache eine Sephirah, untersucht man, ob es einen
Gegensatz zu ihr gibt. Wenn ja, ist sie eines der drei Paare
und man sucht nach weiteren Gegensätzen dieses Bereichs, um
zu sehen, um welches der drei Paare es sich handelt. Wenn sie
allein steht und es keinen Gegensatz zu ihr gibt, ist sie eine
der Sephiroth der mittleren Säule, die sich meist schnell unterscheiden lassen.

Der Lebensbaum wird wie eine Gerade durch zwei Punkte festgelegt. Die "Gerade" des Lebensbaumes ist die Entwicklung von
KETHER nach MALKUTH. Da sich eine Dreiheit vervollständigen läßt,

Abbildung 37

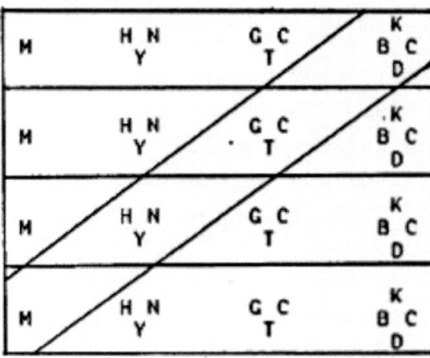

wenn nur eine Sephirah bekannt
ist, müssen diese zwei Sephiroth,
die "Punkte" der "Geraden", aus
verschiedenen Triaden stammen.
Es sind zwei Punkte notwendig,
da es sowohl möglich ist, den
Lebensbaum durch vier Ebenen
zu führen (z.B.: Körper, Psyche, Gesellschaft, Natur), als
auch nur eine Analyse nur eines dieser vier Bereiche durchzuführen.

In manchen Fällen, z.B. für eine kurze Übersicht über einen
Teilbereich genügt es, das Pentagramm der fünf Elemente, also
die Sephiroth TIPHARETH bis MALKUTH, zu benutzen.

So läßt sich die Psyche wie folgt darstellen:

Abbildung 38: Psyche

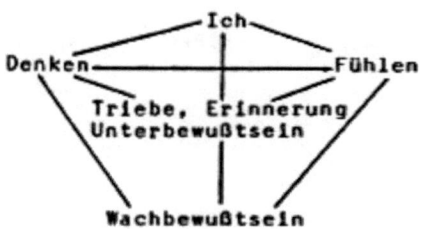

Dem Ich entspricht das "Überbewußtsein" bzw. in Jung'scher Terminologie das "kollektive Unterbewußtsein".

Abbildung 39: Planeten

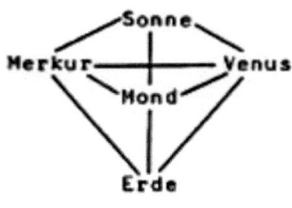

Abbildung 40: Einheiten der Materie

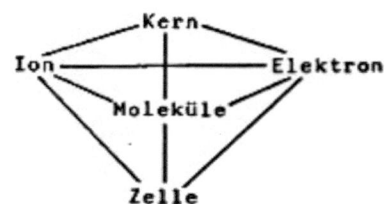

Abbildung 41: Energie

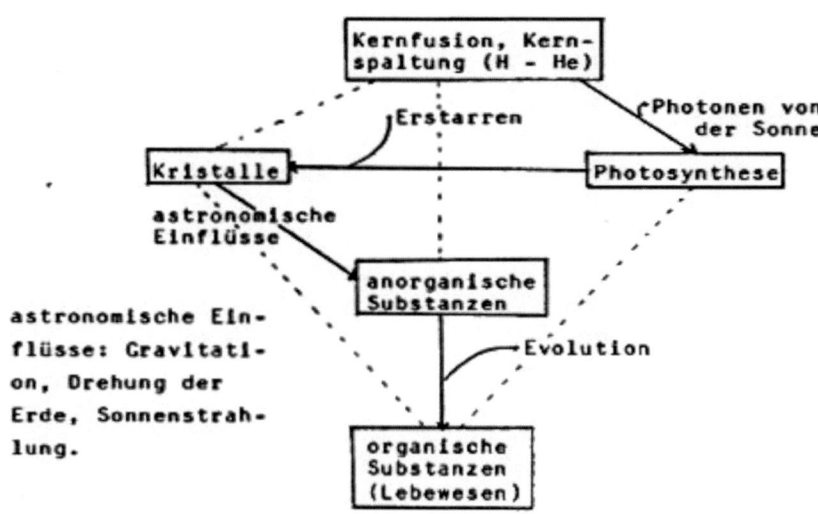

astronomische Einflüsse: Gravitation, Drehung der Erde, Sonnenstrahlung.

65

Abbildung 42: energiespeichernde Substanzen

(Die Pfade sind dieselben wie bei Abb. 41: Energie.)

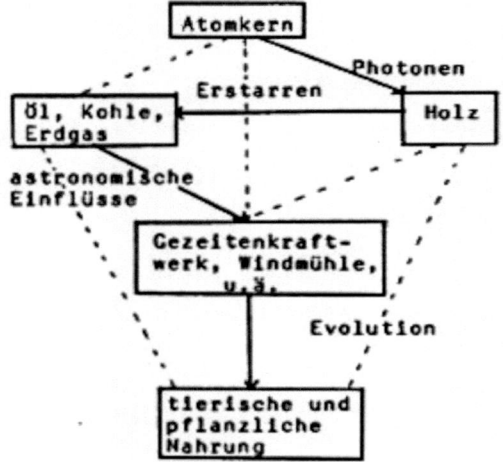

Abbildung 43: Organisationshöhe der Materie

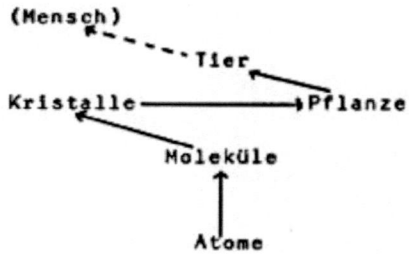

Wenn man nun die Entsprechungen einer Sephirah vergleicht, findet man sofort Zusammenhänge:

TIPHARETH: Die Kernfusion, aus der die Sonne ihre Energie gewinnt (H - He), lebt gewissermaßen aus sich selbst und ist weitgehend unabhängig von äußeren Umständen, wie auch das Tier das erste Wesen ist, das selbständig und gezielt seinen Ort wechseln und andere Lebewesen direkt beeinflussen kann (fressen; nicht nur indirekt wie die Pflanze).

Der Mensch, der der Mars-Sephirah GEBURAH zugeordnet ist, hat die auffällige Eigenschaft, sich gegen Vertreter der eigenen Art wenden zu können und seine Umwelt zu verändern. Die

66

Zahl GEBURAHs ist übrigens die Fünf und der Mensch ist, abge-
sehen von einer schwanzlosen Katzenart auf der Druideninsel
Man, das einzige Lebewesen mit fünf Extremitäten (Kopf, Arme,
Beine). Die werkzeugartigen Gliedmaßen der Lebewesen haben
auch oft die Fünfteilung (Finger, Zehen); Werkzeuge sind eine
Mars/GEBURAH-Entsprechung.

NETZACH: Die Pflanze produziert das Holz und gewinnt ihre
Energie aus der Photosynthese, die auf der Veränderung der
Elektronenbahnen bestimmter Moleküle durch das Sonnenlicht
(Photonen) beruht. Die Suche nach Harmonie, das Sich-an-etwas-
anlehnen sind Venuseigenschaften und entsprechen dem Vorgang
der Sonnenenergieaufnahme der Pflanze. Auch YESOD-Energien
kämen ohne den Einfluß der Sonne nicht zustande.

HOD: Kristalle werden aus Ionen gebildet und auch die toten
organischen Substanzen Öl, Kohle und Erdgas, die der Pflanzen-
sphäre NETZACH entstammen, weisen eine ähnliche Homogenität
auf. (Man kann Gedanken als etwas Totes, Vergangenheitsbezo-
genes (HOD) und Gefühle als etwas Lebendiges, Gegenwartsbezo-
genes (NETZACH) bezeichnen. Der Wille in TIPHARETH ist zukunfts-
bezogen.)

YESOD: Die Tendenz zur Versammlung des Ähnlichen zeigt sich
sowohl in der Molekülbildung der anorganischen Substanzen als
auch in der Entstehung von Meeren, Winden, Bergen, Salzlagern
u.ä. (übrigens auch bei der Bildung von Träumen, Assoziationen,
Komplexen, Symbolen usw. in der YESOD-Entsprechung Unterbewußtsein), aus deren Bewegungen Energie gewonnen werden kann (z.B.
Wolken - Regen - Flüsse - Meer) und die sich lunar in Ebbe und
Flut, Gezeiten und ständig wiederkehrenden Kreisläufen abspie-
len.

MALKUTH: Das Endprodukt sind die organischen Substanzen
(Fleisch, Lebewesen, Zellen).

Wenn man sich eine Weile mit der Kaballa beschäftigt und
sich an diese Art der Realitätsbeschreibung gewöhnt hat, ergibt sich früher oder später die Frage, ob sich die verschiedenen Entsprechungen einer Sephirah gegenseitig beeinflussen,
gleichen "Gezeitenschwankungen" unterliegen oder sonst irgend-
eine Verbindung haben. Bei der Suche nach solchen Zusammenhängen wird man bald auf die mittelalterliche Sympathiemagie

(Prinzip: Gleiches wirkt auf Gleiches), auf das Jung'sche
Prinzip der Synchronizität, auf die Aussagen der Relativitätstheorie über Zeit, Gleichzeitigkeit und den Zusammenhang zwischen
Raum und Zeit, die Astrologie oder vielleicht die Akupunktur
stoßen, die sich alle mit Wirkungen zwischen kausal nicht verbundenen "Entsprechungen" beschäftigen. Oder es fällt einem
auf, daß regenreiches, wechselhaftes Wetter, politische Unru-
hen, Brände, Streit zwischen Freunden und sonstige Störungen
und Krisen in Starrem und Althergebrachtem oft gleichzeitig
auftreten und in Zusammenhang mit den Oppositionen, Quadraten
und Konjunktionen zwischen Mars und Saturn stehen. An dieser
Stelle empfiehlt es sich dann, sich etwas näher mit der Astrologie zu beschäftigen, um sich von diesen Einflüssen zu über-
zeugen.

Da nun die Sonne (TIPHARETH) alles sonnenhafte, der Merkur
(HOD) alles merkurische usw. beeinflußt, ist es naheliegend,
zu vermuten, daß Gleiches Gleiches beeinflußt und daß der Einfluß der Planeten lediglich wegen ihrer Größe so stark auffällt.

Wenn Gleiches Gleiches beeinflußt, hat natürlich alles "verborgene" Einflüsse und die Planeten sind nur eine von beliebig
vielen Einteilungen, um diese Zusammenhänge festzustellen, die
natürlich unabhängig von diesen Einteilungen existieren. Andere sind z.B. das Tarot, das I Ging, die Runen, die verschiedenen Göttersysteme und der Lebensbaum. Man kann vermutlich
noch beliebig viele andere finden und erfinden. Auf dieser
Grundlage beruhen auch alle Orakel, das Kartenlegen usw. Ob
es eine "natürliche Analogieneinteilung" gibt, ob alle Einteilungen bereits in der Natur vorhanden sind oder ob es in ihr
nur Zusammenhänge, aber keine feste Einteilung, sondern nur
mögliche Einteilungen durch den Menschen oder sonst ein den-
kendes Wesen gibt, vermögen wir nicht zu sagen.

Wenn man sich daran gewöhnt, auf diese Weise zu denken und
zu handeln, wird man bald den Zufall zum Freund haben, da
starke Wünsche, besonders wenn man seinen ganzen "Bewußtseins-
inhalt" (Erinnerungen, Gefühle, Wünsche) in Kathegorien einge-
teilt hat, nicht nur das Innenleben des Betreffenden, sondern
auch seine Umwelt nach dem Prinzip "Gleiches beeinflußt Gleiches" verändern. Aus diesem Grunde sollte man sich darauf kon-

zentrieren, was man will, und nicht darauf, was man nicht will
(positives Denken).

Vielleicht gibt es noch andere logische Systeme als die
Kausalität und die Analogie, die noch größere Möglichkeiten
bieten, sein Leben selbst zu lenken?

Aus diesen Zusammenhängen ergäben sich ganz andere Möglichkeiten, etwas zu erreichen als durch das Kausaldenken, das
zwar das Lieblingkind der indogermanischen Sprachen ist, aber
durchaus nicht die einzige Möglichkeit, die Wahrnehmungen ein-
zuteilen, darstellt.

Durch diese Art, in Analogien zu denken, erhalten auch kon-
zentriertes Denken, starke Wünsche und Talismane eine größere
Bedeutung und Telepathie, Magie u.ä. werden schon viel weniger
absurd.

Aus dem Grundsatz der Magie "Gleiches wirkt auf Gleiches"
läßt sich übrigens der Grundsatz der Mystik "Die Welt ist eine
Einheit (Tao)." folgern.

26. Beispiele für die Anwendung des Lebensbaumes

Freuds Terminologie der Entwicklungsphasen und eine Übersetzung
in Begriffe der kaballistischen Denkweise (in Klammern); bezogen auf die Sephiroth TIPHARETH bis MALKUTH:

Abbildung 44

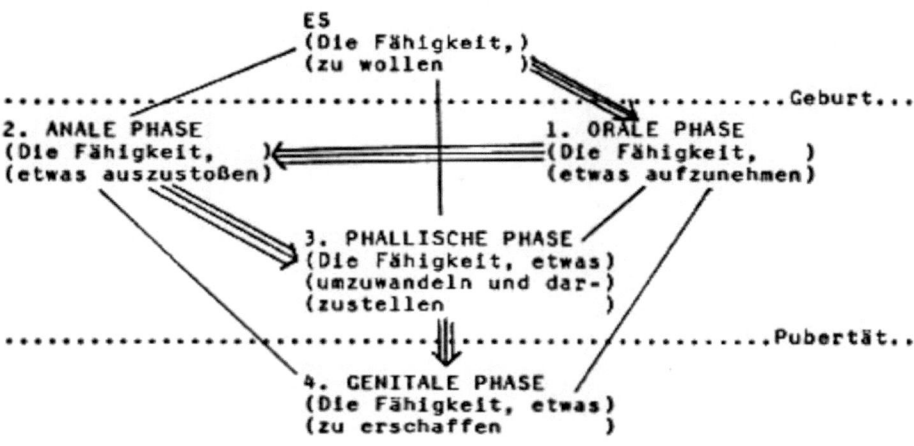

Das Es entwickelt sich zum Ich (oder ist es schon, falls die
Reinkarnationstheorie stimmt; in diesem Falle sollte man das
Es besser Seele nennen), die Orale Phase ist der Anfang der
Gefühle (mitschwingen, sich hingeben), die Anale Phase der
Anfang des Denkens (Absonderung, Trennung, Unterscheidung ist
die Grundlage jedes Gedankens), die Phallische Phase ist die
Grundlage der Triebe und der Bildung einer Persönlichkeit,
die schließlich in der genitalen Phase verwirklicht werden.
Störungen in der analen Phase führen also zu Denkhemmungen,
Störungen in der oralen Phase zu Schüchternheit, "Verklemmt-
heit" usw. Näheres zu den Zusammenhängen ist in den Schriften
von Freud über die Kindheitsentwicklung zu finden.

Das Reich'sche Symbol und seine Übersetzung in den Lebensbaum anhand eines Beispiels:

Abbildung 45: Reich

Soma   Psyche

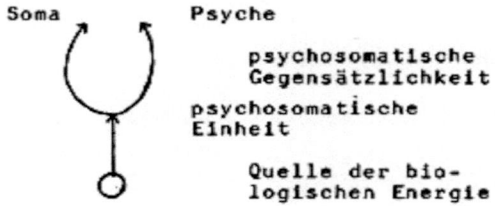

                  psychosomatische
                  Gegensätzlichkeit
              psychosomatische
              Einheit
                  Quelle der bio-
                  logischen Energie

Abbildung 46: Kaballa

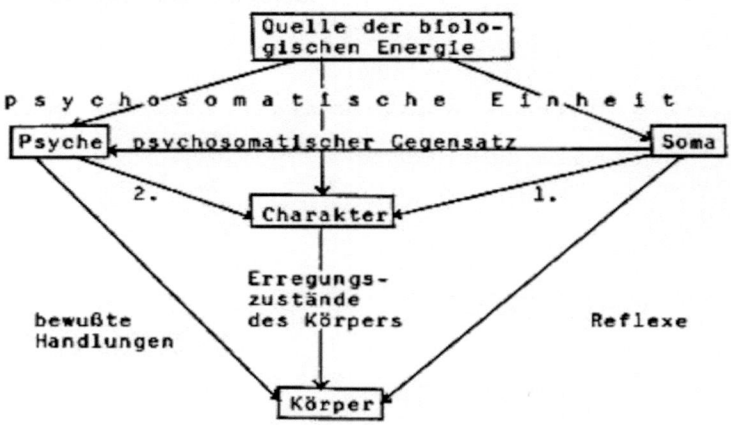

1.: anregende Nerven; 2.: bremsende Nerven.

70

Eine weitere Interpretationsmöglichkeit des Reich'schen Symbols
ist:

Abbildung 47
....

Liebe (TIPHARETH)
(Trennung in den HOD-NETZACH-Gegensatz)
Arbeit (YESOD)
Wissen (MALKUTH)

Abbildung 48   Geburt, Leben und Tod (nach S. Halevi) Abbildung 49
....

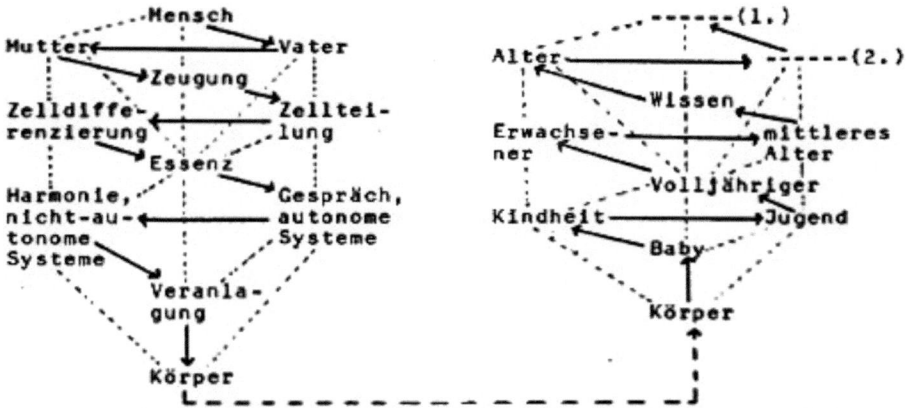

eigene Interpretation: 1.: Auflösung des Körpers; 2.: Tod des
Körpers.

Abbildung 50:   Abbildung 51:
....
männliche Geschlechtsorgane   weibliche Geschlechtsorgane

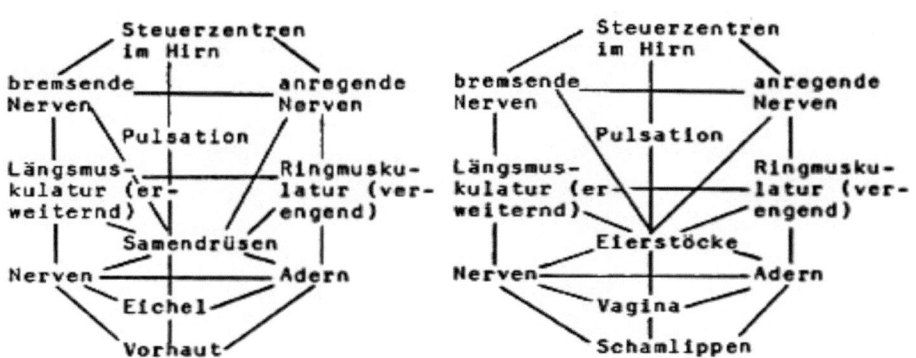

71

Die Unterschiede liegen alle auf der mittleren Säule; die
gleichen Kräfte auf den äußeren Säulen können zwei sich ergänzende Formen hervorbringen, deren Ursprung in KETHER gleich
und deren Zusammenwirken in DAATH, der Verbindung von CHOKMAH,
männlich und BINAH, weiblich, dargestellt ist.

Aufgabe 7

Ordnen Sie folgende Begriffe in den Lebensbaum "EINE TAT" ein:
1. die Energie, mit der die Tat durchgeführt wird,
2. Mittel, Handwerkzeug,
3. der Wunsch,
4. das den Wunsch und somit die Tat auslösende Erlebnis,
5. die gefühlsmäßige Grundlage,
6. das Bild, das man sich von der Tat macht.

Abbildung 52

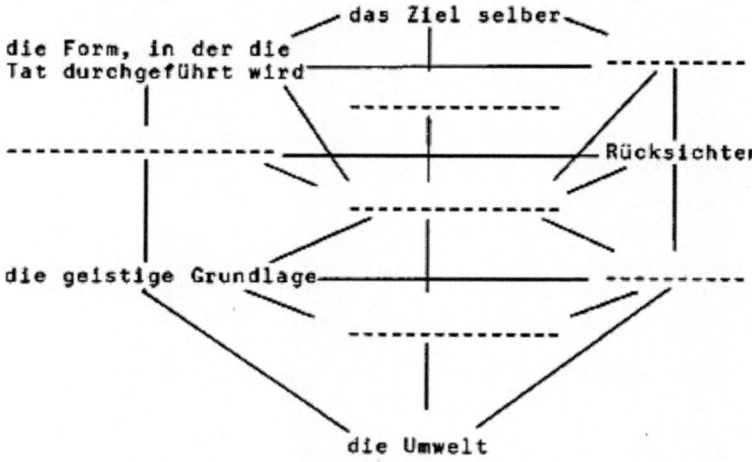

Der vollständige Lebensbaum ist auf einer der folgenden Seiten
zu finden. Aber erst selber versuchen, den Lebensbaum zu füllen, und dann nachsehen!

<u>Aufgabe 8</u>

Ordnen Sie folgende Begriffe des LEBENSBAUMES DES DENKENS in
die Säule des Wassers ein:
1. Kritik, 2. Analyse, 3. Gebet, Meditation.
Ordnen Sie folgende Begriffe in die Säule des Feuers ein:
1. Kontemplation, 2. Vergleich, 3. Synthese.

Abbildung 53: Denken
. . . .

          Intuition

-------   -------

          Philosophie

-------   -------

          Absicht, Ziel

-------   -------

          Wahrnehmung

          Impuls im
          Sinnesorgan

<u>Aufgabe 9</u>

Erste Triade und Daath: Vater; Mutter; Gott; Weiser.
Zweite Triade:Kämpfer, König im Krieg, Mann; Lehrer, König im
                  Frieden; Prinz, Erlöser.
 dritte Triade und Malkuth: Schüler; Frau; Mensch; Prinzessin,
                  der/die Geliebte.
Ordnen Sie die obengenannten Begriffe in den folgenden Lebensbaum ein:

Abbildung 54: Urbilder (Menschen)
. . . .

-------   -------

-------   -------

-------   -------

73

Aufgabe 10

Ordnen Sie die folgenden Begriffe in den Lebensbaum "DIE PHYSIKA-
LISCHE WELT" ein:

Akasha (Quintessenz)-Sephirah: 1. Licht
Feuersephiroth: 1. die Kräfte (insbesondere die Gravitation
        und der Urknallimpuls, die zusammen die
        Pulsation des Weltalls bewirken)
        2. Pflanzen
        3. Mensch
Wassersephiroth: 1. Kristalle und kristallähnliche Substanzen
        (Perlen, Graphit, Eis usw.)
        2. Raum
        3. Galaxien, Sonnen, Planeten, Monde
Luftsephiroth: 1. Zeit
        2. Tiere
        3. Berge, Wolken, Vulkane, Seen, Flüsse, Winde
        usw.
Erdsephirah: 1. Atome

Abbildung 55: die physikalische Welt
. . . .

```
                    -------

   -------                        -------

                    -------

   -------                        -------

                    -------

   -------                        -------

                    -------


                    -------
```

Aufgabe 11

Ordnen Sie folgende Begriffe in den Lebensbaum ein:

Mittlere Säule: 1. Einheit, Individualisierung, 2. Tod und Geburt, Wandlung, 3. Erhaltung, 4. Entwicklung, 5. Abgrenzung.

1. Paar: Individualisierung - Wechselwirkung
2. Paar: Zweiheit, Gerade, Gegensatz - Dreiheit, Dreieck, Gleichgewicht
3. Paar: Teilung - Harmonie

Abbildung 56: einige Prinzipien

```
                 -------
-------                            -------
                 -------
-------                            -------
                 -------
-------                            -------
                 -------

                 -------
```

Aufgabe 12

Setzen Sie die fehlenden Farben ein:

1. silbern/grau, 2. rot, 3. purpurn (rot + blau), 4. orange (rot + gelb), 5. purpurn, 6. ?, 7. ?, 8. ?.

Abbildung 57: Farben

```
                 weiß
                -------
-------                            -------        Malkuth ist
                 -------                          vierfarbig
-------                            -------
              gelb, golden
-------                            -------
                 -------

          rotbraun, schwarz
          olivgrün, zitonengelb
```

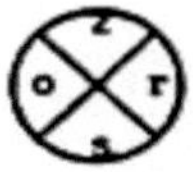

<u>Aufgabe 13</u>

Ordnen Sie folgende Begriffe in den Lebensbaum ein:

1. Bauplan, 2. Leitung des AKW, 3. Elektrizitätsbedarf, 4. Steuerung, 5. Brennkammer, 6. Generatoren.

Abbildung 58: Atomkraftwerk
. . . .

```
                          -------

   Finanzierung                              technisches Wissen

                          -------

   Schutzmaßnahmen                           -------
   (Polizei, Mauern,
   Warnsysteme, Not-
   kühlung usw.)

                          -------

   -------                                   -------

                   ·Anschluß der Über-
                       landleitungen

               Gebäude, Grundstücke
```

<u>Aufgabe 14</u>

Ordnen Sie folgende Urbilder den Sephiroth zu:
1. Sonne, 2. Meer, 3. Sonne, Quelle, 4. höchster Berg, 5. Feuer, 6. die Erde, 7. Obelisk, Sterne, 8. Blume, 9. Kristall, 10. Wasser, 11. Gezeiten.

Abbildung 59: Urbilder (Dinge)
. . . .

```
                      -------

   -------                            -------

                      -------

   -------                            -------

                      -------

   -------                            -------

                      -------


                      -------
```

Aufgabe 15

Analysieren Sie drei der von ihnen in Aufgabe 6 (Seite 60) ge-
fundenen Beispiele und tragen Sie sie in das Lebensbaum-Schema
ein.

```
                          -------
      -------                              -------
                          -------
      -------                              -------
                          -------
      -------                              -------
                          -------

                          -------
.........................................................
                          -------
      -------                              -------
                          -------
      -------                              -------
                          -------
      -------                              -------
                          -------

                          -------
.........................................................
                          -------
      -------                              -------
                          -------
      -------                              -------
                          -------
      -------                              -------
                          -------

                          -------
```

Abbildung 60

Planet Erde (nach S. Halevi)

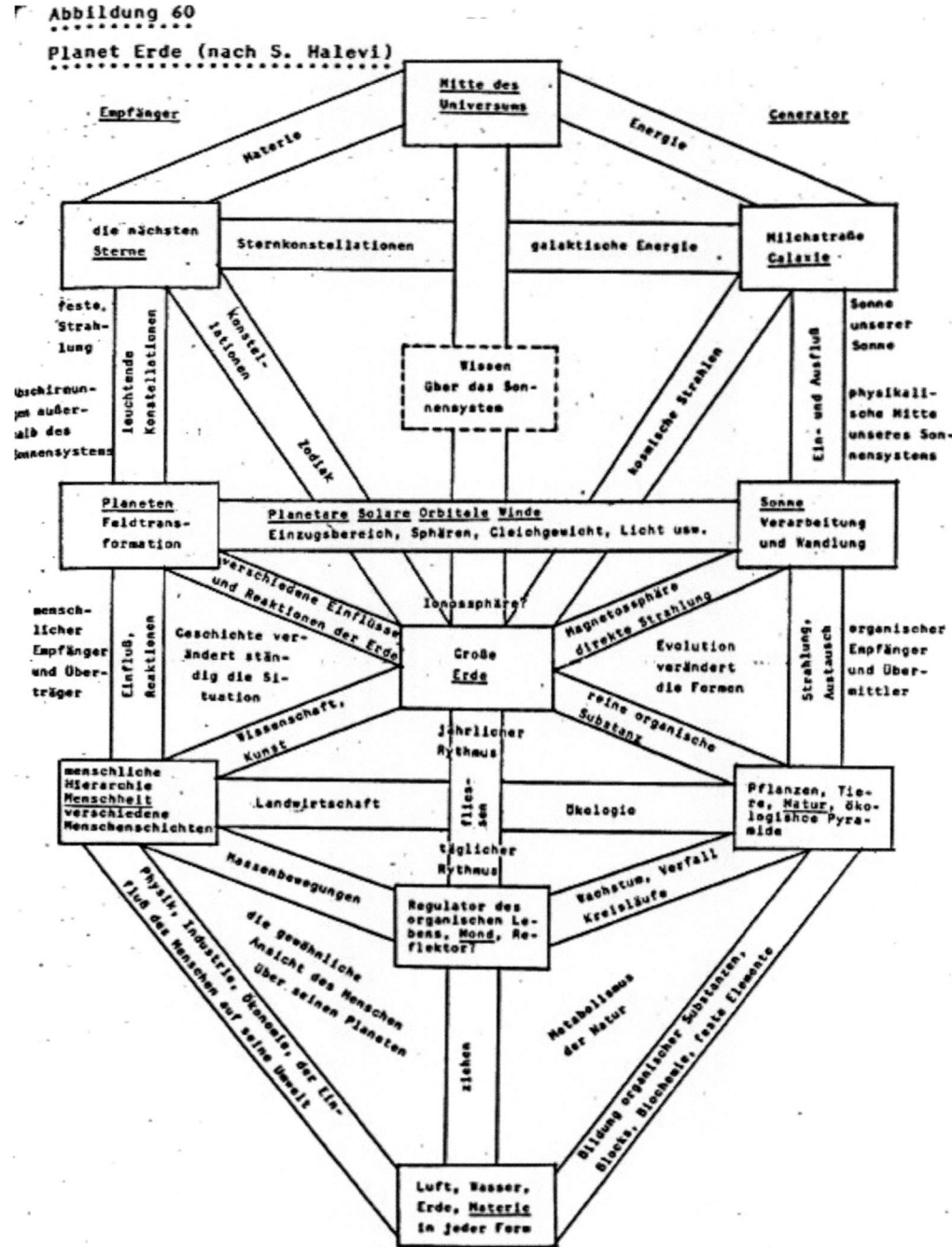

Eine Möglichkeit, den Lebensbaum anzuwenden, ist, den fraglichen Gegenstand oder die Sache auf TIPHARETH, den "Objektträger des kaballistischen Mikroskops" zu legen, wie im vorigen Beispiel die Erde und im folgenden die Währung, und anschließend nach den umliegenden Sephiroth zu suchen. Bei dieser Methode ist es meist möglich, die "Brennweite" dieses "Mikroskops" zu verstellen, indem man entweder den ganzen Lebensbaum wieder als eine TIPHARETH-Sephirah auffaßt oder indem man die TIPHARETH-Sephirah des betrachteten Lebensbaumes wieder als Lebensbaum darstellt, also gewissermaßen vergrößert.

Abbildung 61: das Geld (nach S. Halevi)

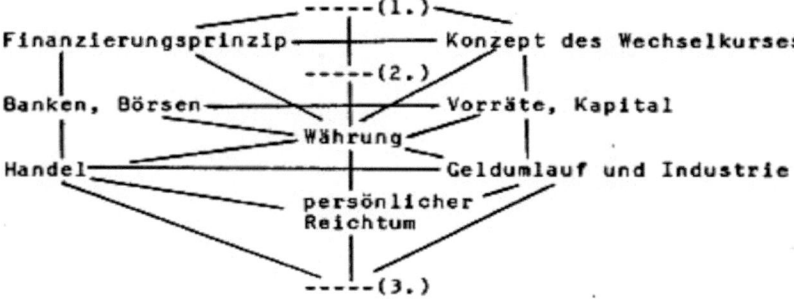

Eigene Ergänzungen: 1. Notwendigkeit und Idee, Geld zu erschaffen
2. Allgemeine Akzeptierung des Geldes als Tauschmittel
3. Material, aus dem das Geld besteht, Reichtum des Landes als Sicherheit für die Kaufkraft des Geldes

Abbildung 62: Denken (HOD)

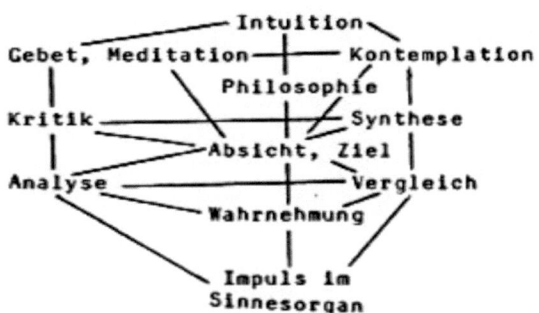

Abbildung 63: eine Tat

das Ziel selber

die Form, in der / die Energie, mit
das Ziel erreicht / der das Ziel er-
wird / reicht wird

das Bild, das man
sich von der Tat
macht

Mittel und Metho- / Rücksichten
den, Handwerkszeug

der Wunsch

die geistige / die gefühlsmäßige
Grundlage / Grundlage

das den Wunsch und
somit die Tat aus-
lösende Ereignis

die Umwelt

Abbildung 64: Urbilder (Menschen)

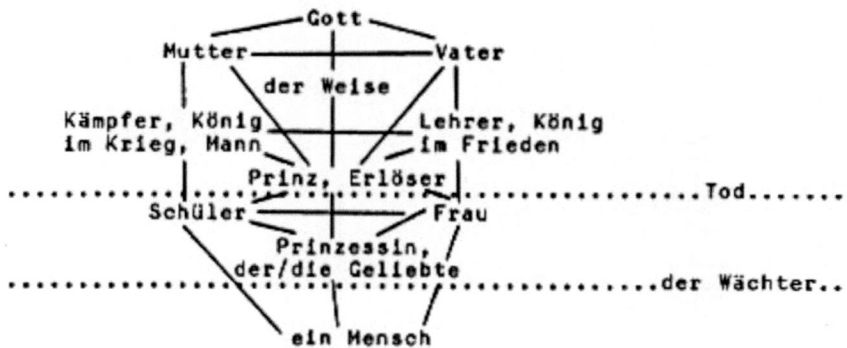

Gott

Mutter / Vater

der Weise

Kämpfer, König / Lehrer, König
im Krieg, Mann / im Frieden

Prinz, Erlöser .... Tod.......

Schüler / Frau

Prinzessin,
der/die Geliebte .... der Wächter..

ein Mensch

Abbildung 65: Urbilder (Dinge)

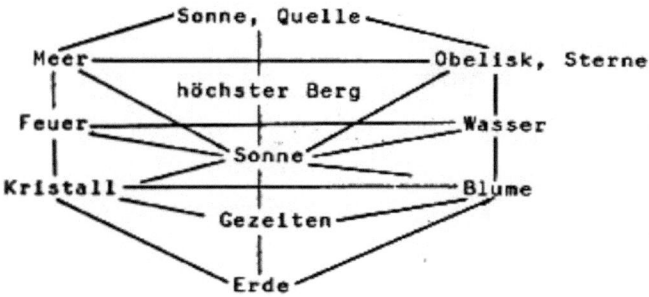

```
              Sonne, Quelle
     Meer                    Obelisk, Sterne
              höchster Berg
     Feuer                        Wasser
                    Sonne
     Kristall                     Blume
              Gezeiten
                   Erde
```

Abbildung 66: die physikalische Welt

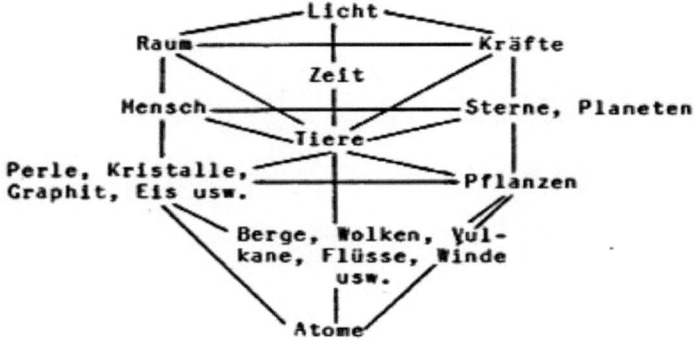

```
                    Licht
      Raum                     Kräfte
              Zeit
      Mensch                   Sterne, Planeten
                   Tiere
Perle, Kristalle,
Graphit, Eis usw.              Pflanzen
              Berge, Wolken, Vul-
              kane, Flüsse, Winde
                   usw.
                   Atome
```

Abbildung 67: Prinzipien

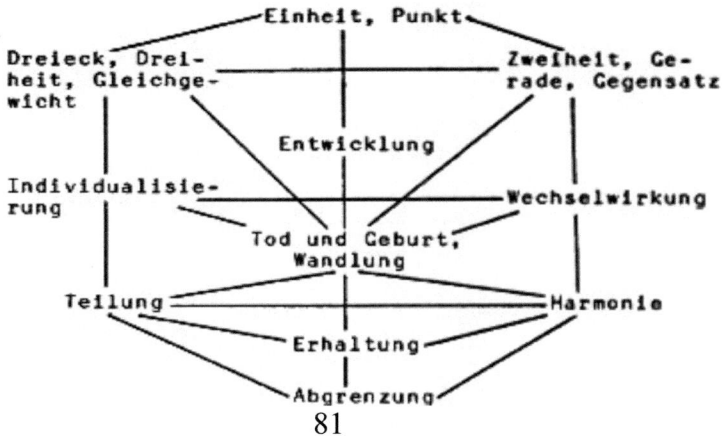

```
                 Einheit, Punkt
  Dreieck, Drei-                    Zweiheit, Ge-
  heit, Gleichge-                   rade, Gegensatz
  wicht
                  Entwicklung
  Individualisie-                   Wechselwirkung
  rung
                Tod und Geburt,
                   Wandlung
      Teilung                      Harmonie
                  Erhaltung
                  Abgrenzung
```

81

Abbildung 68: Farben

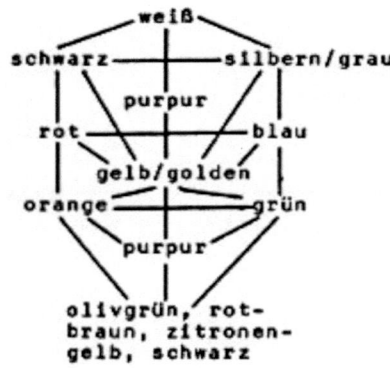

Abbildung 69: Atomkraftwerk

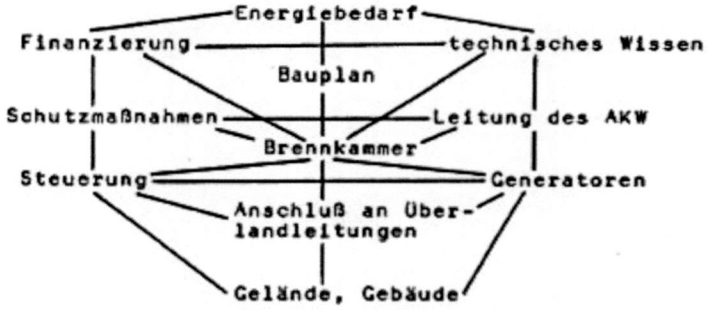

Abbildung 70: hebräische Gottesnamen

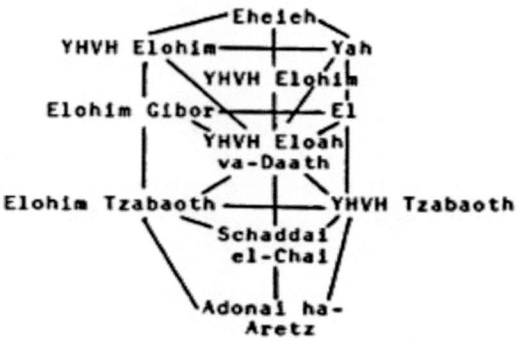

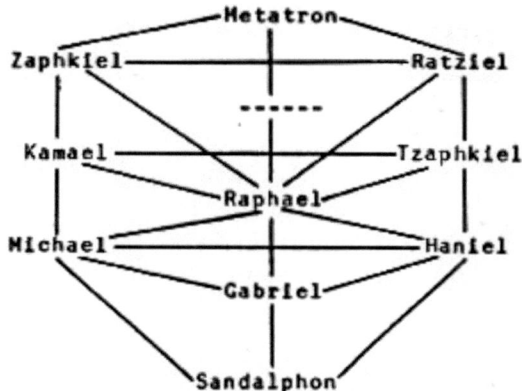

Erläuterungen zu den Namen der Götter und Erzengel sind bei
Gareth Knight (A Practical Guide to Qabalistic Symbolism) und
bei Dion Fortune (The Mystical Qabalah) zu finden. Der Gottesname stellt den Feuer- und der Erzengelname den Wasseraspekt
einer Sephirah dar. Der Luftaspekt ist mit den Engelnamen und
der Erdaspekt mit dem Namen der Sphäre identisch. In dieser
Reihenfolge entsprechen die Namen den vier Welten:

    ATZILUTH - Feuer - Gott,
    BRIAH - Wasser - Erzengel,
    YEZIRAH - Luft - Engel,
    ASSIAH - Erde - Sephirah.

Abbildung 72: Die Zelle

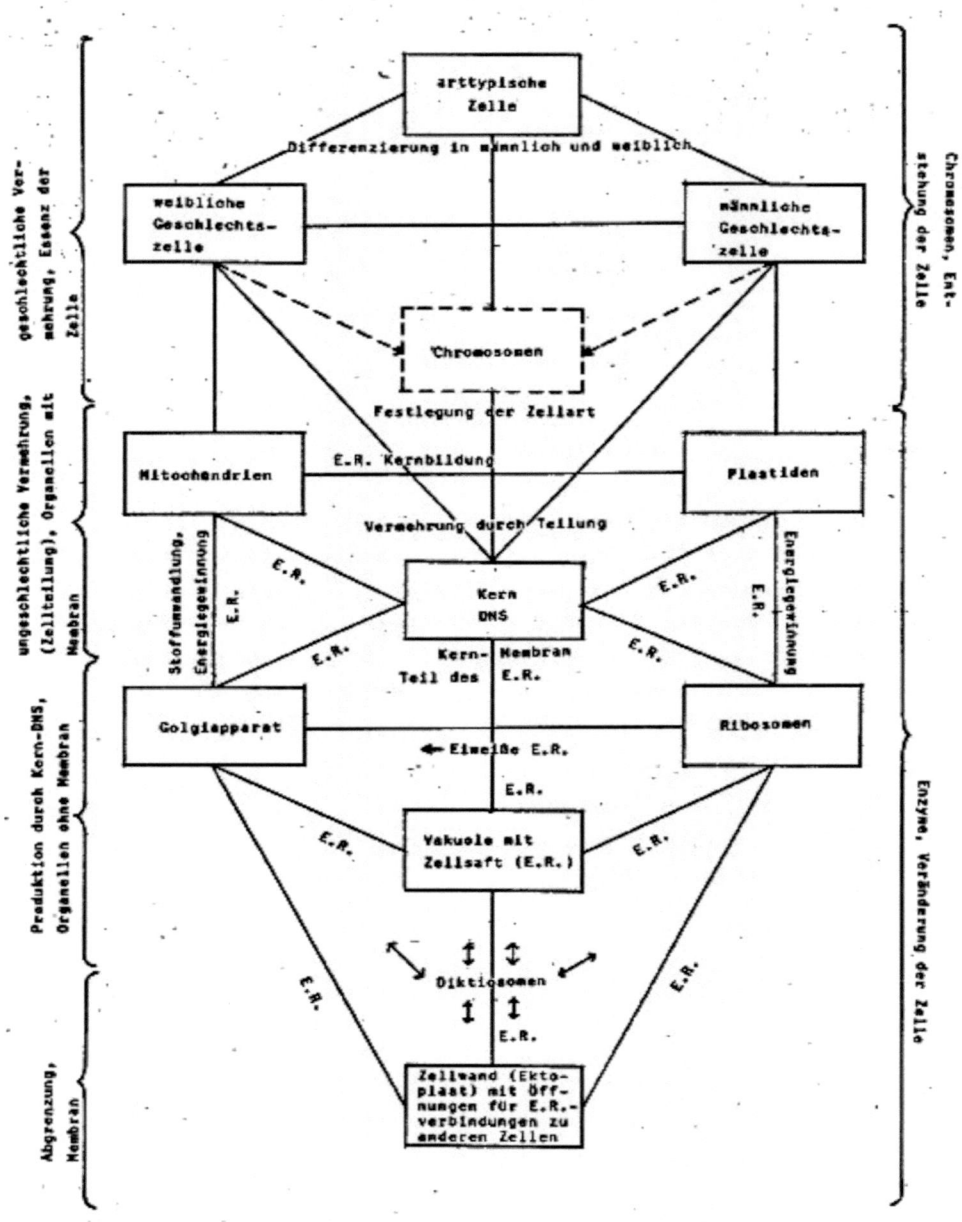

E.R.: Endoplasmatisches Ritikulum

84

ANMERKUNG: Das Protoplasma ist kein eigenständiger Teil der
Zelle, sondern die Zusammenfassung von Rohstoffen, Wasser
und bisher unerkannten oder unerklärten Organellen und tritt
deswegen im Lebensbaum der Zelle nicht auf. Das E.R. (endoplas-
matische Ritikulum) besteht aus einer Doppelmembran (zwei feine Häutchen), die Kanäle und Räume bilden, in denen die Zell-
inhalte von einer Organelle zur anderen transportiert werden.

Unseres Wissens ist bislang noch ungeklärt, wieso irgend-
wann die Trennung in zwei Geschlechter entstand. Kausal gesehen muß dieses durchaus nicht so sein, denn es wäre doch
ganz gut denkbar, daß man die Befruchtung einspart und gleich
aus der Eizelle ein neues Wesen entstehen läßt, also bei dem
einfachen Prinzip der Zellteilung bliebe. Nun, ohne Grund wird
eine solche Komplizierung wie die geschlechtliche Vermehrung
weder entstanden sein noch die Selektion überstanden haben.
In normalen Zellen treten die DNS immer diploid, in zwei-
facher Ausfertigung und in den Geschlechtszellen in Einzelexem-
plaren, also haploid, auf. Bei der normalen Zellteilung bei
Ein- und Vielzellern verdoppelt sich die DNS vor der Teilung,
bleibt also diploid. CHOKMAH (männlich) und BINAH (weiblich) sind
haploid und ihre Konjunktion in DAATH ist wieder diploid wie
in KETHER und im Kern in TIPHARETH. Die Auswirkung der Kombination zweier Chromosomen aus verschiedenen Zellen gewährt
eine größere Entwicklungsvielfalt (DAATH) durch verschiedene
Kombinationen von Genen zusätzlich zu dem Entwicklungsprinzip
von Mutation und Selektion.
Ein Vorteil ist klar; aber wie ist die Geschlechtertrennung
entstanden? Eine einfache Mutation ist ausgesprochen unwahr-
scheinlich, da der Vorgang der geschlechtlichen Vermehrung
viel zu kompliziert ist.
Die zufällige Verbindung zweier verschiedener Einzeller
würde nur zu einem neuen Einzeller mit mehr Eigenschaften, aber
nicht zu der bei allen Vielzellern vorhandenen Vermehrungsart
führen (bis auf ein paar wenige Ausnahmen wie die Banane, die
zwar noch Blüten hat, die aber nicht mehr befruchtet werden;
sie ist eine "ungeschlechtliche" Pflanze). Die Ableger und Wur-
zelsprosse bei Pflanzen sind eher eine Erweiterung als eine
Vermehrung, da die neuen Triebe mit der Mutterpflanze in Verbindung bleiben.

85

Die Beziehungen zwischen den betroffenen Sephiroth sehen wie folgt aus:

Abbildung 73:

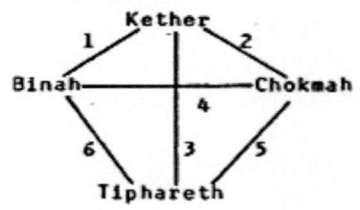

1. koordinieren
2. ausdehnen
3. zentrieren
4. sich beziehen
5. ausdehnen
6. eingrenzen

Dabei fällt auf, daß "ausdehnen" und "koordinieren" die Entwicklung vom Ein- zum Vielzeller beschreiben und zum CHOKMAH - BINAH - Gegensatz führen, zwischen denen die größte Spannung (Liebe - Trennung; Sehnsucht nach Einheit) aller Sephiroth-Gegensätze herrscht.

Es gibt einen "CHOKMAH-Vielzeller", Volvox-Kugel mit Namen. Er besteht aus gleichartigen Zellen, die sich zu einer Hohlkugel zusammengeschlossen haben und in deren Innerem neue Volvox-Kugeln durch Abspaltung von Zellen von der Mutterkugel und Zellteilung entstehen. Sie sind ein CHOKMAH-Lebewesen, weil sich in ihm Gleiches um eine Mitte angeordnet hat. Eventuell könnte man Volvox auch als eine Art Pflanze mit Vermehrung durch Ableger auffassen. Offensichtlich konnte sich dieses Vermehrungsmodell eines undifferenzierten Vielzellers aber nicht durchsetzen.

Da die Verbände unterschiedlicher Zellen anscheinend die Trennung in männlich und weiblich verlangen, wäre zu überlegen, welche Sephirah diese Art von Zellverbänden (Lebewesen) darstellt. Dies ist CHESED, die Jupiter-Synthese, die Verschiedenes zu einem Ganzen zusammenfügt.

Die einfache Zellteilung des Einzellers verläuft über den dritten Pfad von KETHER (arteigene Zelle) nach TIPHARETH (Kern), von wo aus die einzelne Zelle über NETZACH, HOD, und YESOD bis MALKUTH gebildet wird.

In einem Vielzeller, in dem verschiedene Zellen verschiedene Aufgaben verrichten (GEBURAH) und diese koordiniert werden müssen (CHESED), wird die vollständige Wassertriade (C., G., T.) benötigt. Warum können CHESED, GEBURAH und TIPHARETH nicht ohne CHOKMAH und BINAH existieren? Wie man unter anderem an der Vektortheorie sehen kann, stellen die drei ersten Sephiroth erst den Raum (Koordinatensystem), zusammengefaßt in DAATH (Basis, Chromosomen), für die Entwicklungsvielfalt in CHESED her. Es wäre somit zumindest klar, daß die Geschlechtertrennung kein kurioser Zufall, sondern eine Notwendigkeit war.

Es ist bemerkenswert, daß die "Wassertriade" aus den Organellen besteht, die am Anfang der Evolution einmal eigenständige Einzeller waren, was man noch daran erkennen kann, daß sie von einer Membran umgeben sind. Dabei lief ein CHOKMAH-BINAH-Prozeß ab; nähmlich ein kleiner, aktiver Einzeller (CHOKMAH) verband sich mit einem großen, passiven Einzeller (BINAH) zu einem neuen Einzeller. Die Plastiden, Mitochondrien und der Kern vermehren sich nur durch Teilung. Der Kern hat also keinen DNS-Bauplan für diese Organellen übernommen, nach dem er sie selber reproduzieren könnte, da es offenbar keinen DNS-Bauplan für diese Teile der Zelle (ehemalige Einzeller) gibt. Dieser Vorgang ist zwar eine Analogie zur Eibefruchtung, aber nicht ihre Begründung.

Die männlichen und weiblichen Lebewesen unterscheiden sich hauptsächlich in der Mondsphäre YESOD, die den Geschlechtsorganen entspricht. Nun wird BINAH aber als die Wurzel aller Mondkräfte betrachtet und beiden Sephiroth ist die Göttin Isis zugeordnet. Dies spricht wiederum dafür, daß die Koordinierung von verschiedenem die Ursache (und nicht Inhalt oder Folge) der Geschlechtertrennung ist.

Dies Prinzip ist auch in anderen Lebensbäumen wiederzufinden, wie zum Beispiel in der Vektortheorie oder dem Staatsgebilde: so wären zwischen Oberhaus (CHESED) und Unterhaus (GEBURAH) im Parlament (TIPHARETH) wohl keine Diskussionen möglich und es könnte keine Arbeit durchgeführt werden, wenn es keine Verfassung (BINAH) gäbe. Wenn nur die Ideale der Nation, d.h. in diesem Falle die Wünsche und Ideale der Einzelnen (CHOKMAH) wirken würden, gäbe es nur Einzelne oder Verbände von Gleichen, aber keine Verbindung von Verschiedenen, die durch den Kanzler (DAATH) repräsentiert wird. Ohne BINAH herrscht Anarchie im negativen Sinne.

Die Struktur ist somit klar, aber nicht ihre Übersetzung in kausale, biologische Begriffe und Vorgänge. Der CHOKMAH-BINAH-Gegensatz (Expansion-Begrenzung) ist die Voraussetzung für die Entwicklungsvielfalt (DAATH) und BINAH koordiniert den Zusammenschluß verschiedener Einzeller zu einem neuen Einzeller, verschiedener Zellen in Vielzellern, die Befruchtung und den Gegensatz männlich-weiblich. Aber warum tritt die Analogie auch als zwei sich ergänzende Gegensätze bei den Vielzellern (Mann-Frau) auf?

87

Das "Warum?" verlangt eher eine kausale Bearbeitung, aber das kaballistische "Wie?" hilft oft, das "Warum?" zu beantworten.

Man kann die Fragestellung nun reduzieren: Warum war es notwendig, den expansiven Einfluß (Mann, CHOKMAH) von dem beschränkenden und koordinierenden (Frau, BINAH) zu isolieren und zwei gegensätzliche, sich ergänzende Wesen zu erschaffen?

Die spontane Antwort wäre: damit sich beide voll entwickeln und voll wirksam werden können. Aber erstens wäre das teleologisch argumentiert und zweitens ist es genausogut vorstellbar, daß sich beide Kräfte in einem Wesen polarisieren, ergänzen und wirksam sind.

Da man unseres Erachtens mit jedem logischen System die Welt beschreiben können müßte, müßte es auch möglich sein, diesen Zusammenhang in der gewohnten kausalen Weise darzustellen. Es würde uns freuen, wenn die vorstehenden Ansätze einem Biologen oder Kaballisten der Lösung etwas näher bringen sollten, denn wir meinen, daß es recht nützlich wäre, diesen Umstand, der einer der einflußreichsten in unserem Leben ist, zu verstehen.

Es gibt in der Biologie noch ein zweites Beispiel, in dem die Analogien recht offensichtlich und die kausalen Zusammenhänge unklar sind.

Die meisten Pflanzen (z.B. alle Bäume) sind potentiell unsterblich, d.h. wenn sie nicht gefällt, zerstört oder vom Blitz oder sonst einem Unglück getroffen werden, leben sie immer weiter. Anders steht es mit den Tieren und Menschen; sie haben einen programmierten Tod in Form einer begrenzten Anzahl von Zellteilungen. Wenn diese verbraucht sind, entstehen keine neuen Zellen mehr und es werden keine alten oder zerstörten mehr ersetzt, so daß jedes Tier und jeder Mensch letztlich an programmierten Verschleiß- und Abnutzungserscheinungen stirbt. Woher kommt diese Programmierung bei allen (!) Tieren?

Abbildung 74
·············

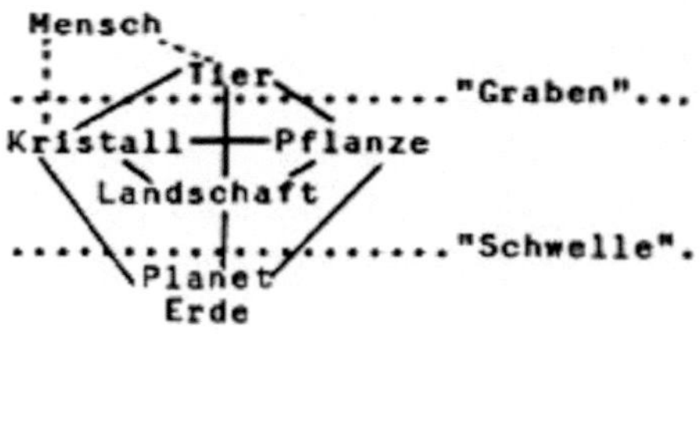

Die Pflanzen (NETZACH) befinden sich noch unterhalb des "Grabens" und haben Kontakt zu MALKUTH, der Sphäre der Elemente, der Erde; sie sind gewissermaßen der höchstentwickelte Teil unseres Planeten und leben sein Leben und sterben erst mit seinem Tod. Sie sind sozusagen "Organe" der Erde, während Tier und Mensch eigenständige Lebewesen sind, die sich von "Mutter Erde" (MALKUTH) losgelöst haben und in sich eine "Seele der Sonne" (Tiere, TIPHARETH) oder eine "Seele des Mars" (Mensch, GEBURAH) tragen und auf der Erde gewissermaßen nur zu Besuch sind.

Man könnte argumentieren, Lebewesen mit eingeplantem Tod sind als Gattung entwicklungsfähiger durch die größere Einflußmöglichkeit von Mutation und Selektion (Insekten und Viren können sich daher schneller ändern als z.B. Säugetiere). Aber ist dies nicht eher eine von vielen Analogien als eine Erklärung für den geplanten Tod aller (!) Tiere und Menschen? Warum gibt es nicht Pflanzen mit dem Mechanismus der begrenzten Zellteilung und warum kein einziges Tier ohne ihn?

Abbildung 75: Eine Bewegung des Armes

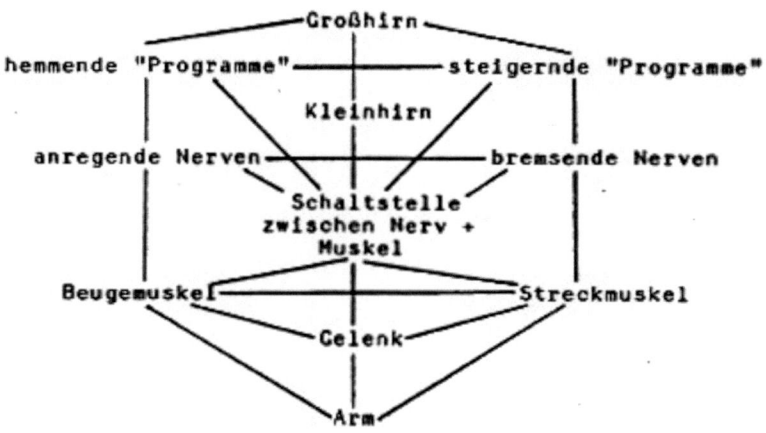

Abbildung 76: Buchführung

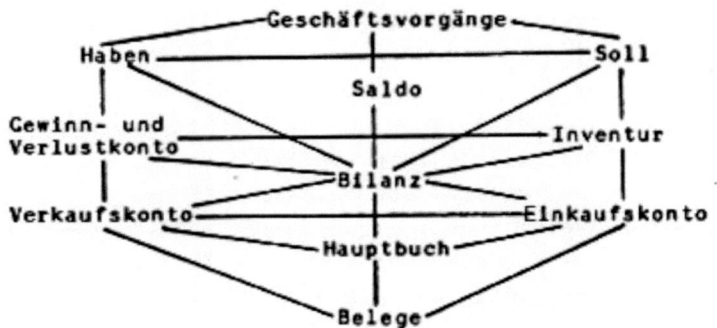

Abbildung 77: Warenhaus

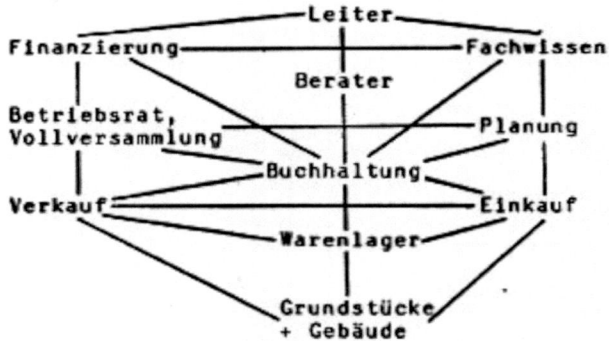

Abbildung 78: Wasserkreislauf in der Natur

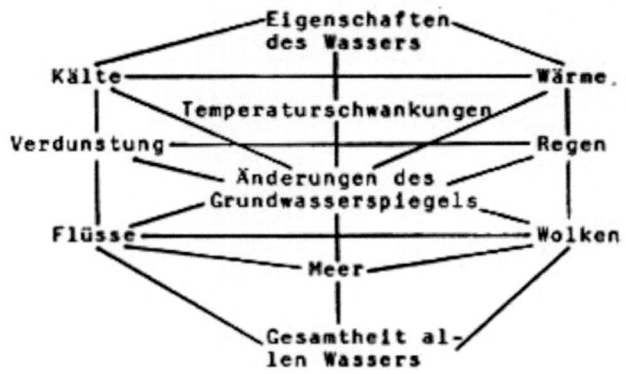

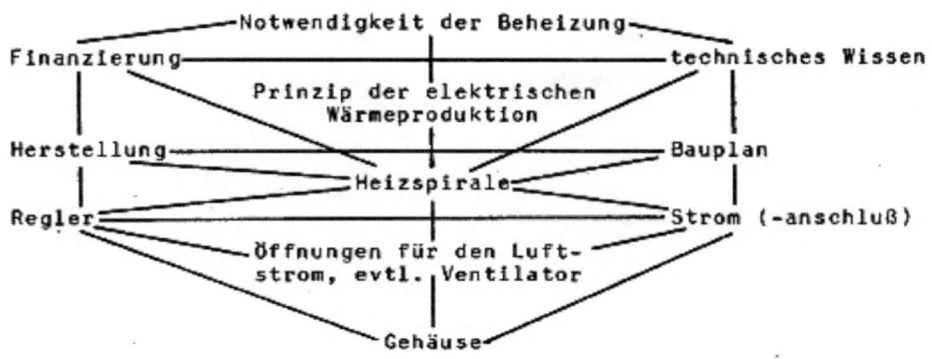

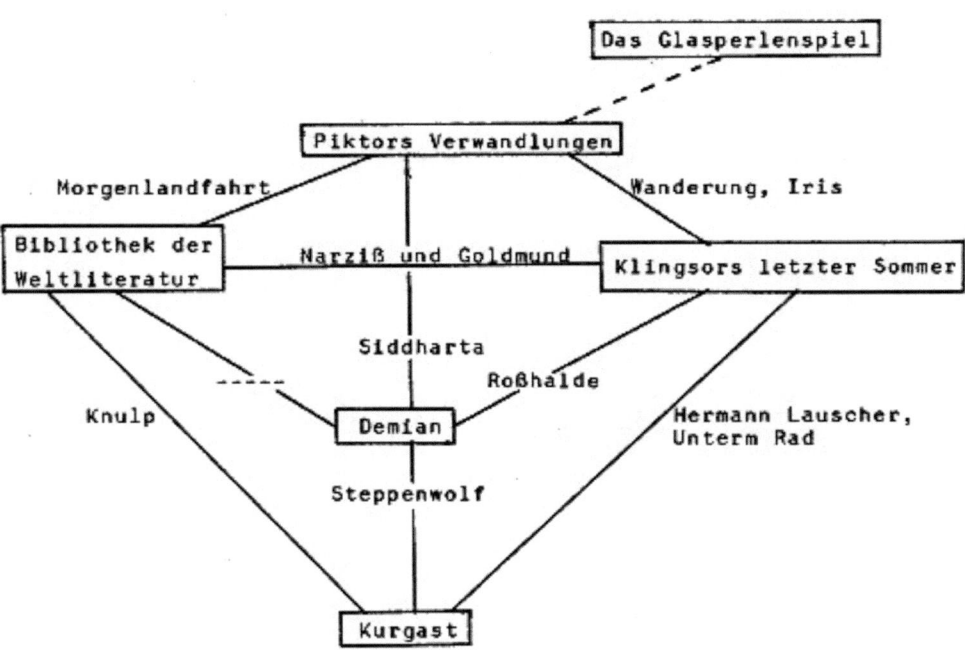

Die Zuordnung der Bücher wie z.B. "Das Glasperlenspiel" zu CHE-
SED oder "Der Steppenwolf" zum 32. Pfad (MALKUTH-YESOD) geben natürlich nur Themenschwerpunkte des Buches an und sind keine stren-
ge, abgegrenzte Zuordnung.

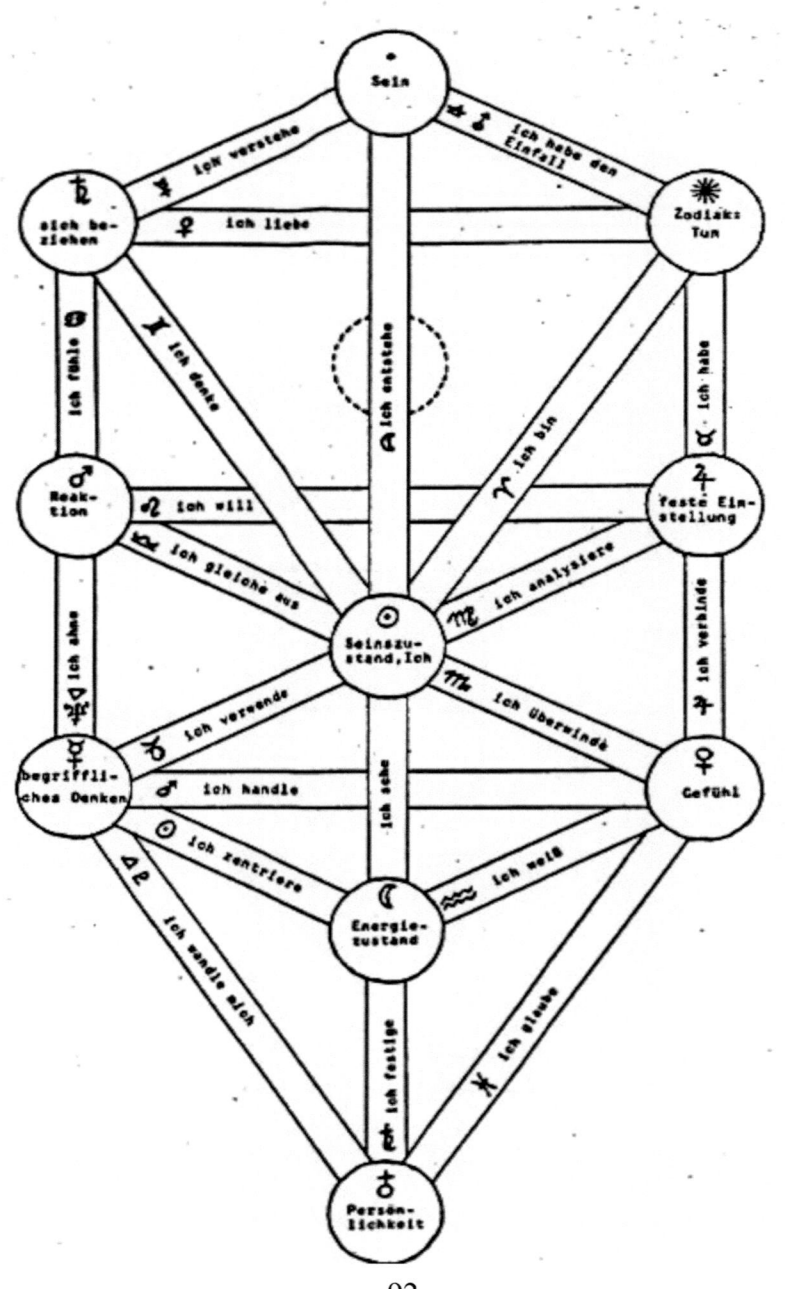

Abbildung 82: der Mensch (nach Jeff Love)
●●●●●●●●●●●●●●●●●●●●●●●●●●●●●●●●●●●●●●

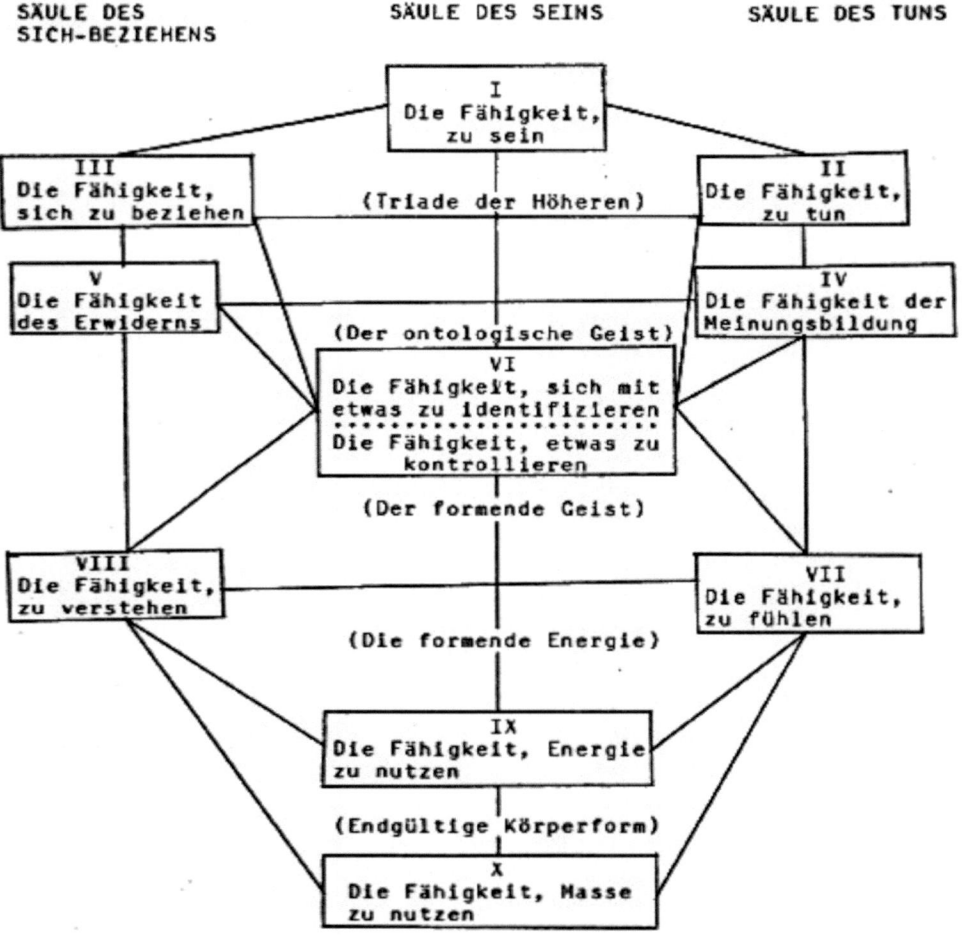

SÄULE DES   SÄULE DES SEINS   SÄULE DES TUNS
SICH-BEZIEHENS

```
                        I
                  Die Fähigkeit,
                    zu sein

   III                                          II
Die Fähigkeit,      (Triade der Höheren)    Die Fähigkeit,
sich zu beziehen                               zu tun

    V                                            IV
Die Fähigkeit                              Die Fähigkeit der
des Erwiderns                               Meinungsbildung

              (Der ontologische Geist)

                       VI
                Die Fähigkeit, sich mit
                etwas zu identifizieren
                ●●●●●●●●●●●●●●●●●●●●●●●●
                Die Fähigkeit, etwas zu
                     kontrollieren

              (Der formende Geist)

   VIII                                         VII
Die Fähigkeit,                             Die Fähigkeit,
zu verstehen                                 zu fühlen

              (Die formende Energie)

                       IX
                Die Fähigkeit, Energie
                   zu nutzen

              (Endgültige Körperform)

                        X
                Die Fähigkeit, Masse
                    zu nutzen
```

(Die Angaben in Klammern beziehen sich immer auf eine Dreiheit von
Sephiroth; nur die unterste bezieht sich auf Sephirah VII bis X.)

- - - - - - - - - - - -

In seinen Büchern über Pädagogik und Erziehung an den Waldorfschu-
len führt Rudolf Steiner zwölf Sinne des Menschen auf. Es ist naheliegend, zu versuchen, mittels seiner Beschreibung dieser Sinne
sie den zwölf Tierkreiszeichen zuzuordnen.

WILLENSMÄßIGE SINNE (fixe Zeichen, Sonne/Tiphareth, Säule der
Luft, Blut, Schlafen):

     Tastsinn: Erde, Steinbock
     Lebenssinn: Wasser, Krebs
     Gleichgewichtssinn: Luft, Waage
     Bewegungssinn: Feuer, Widder

GEFÜHLSMÄßIGE SINNE (bewegliche Zeichen, Venus/Netzach, Säule
des Feuers, Blut und Knochen, Träumen):

     Geruchssinn: Erde, Jungfrau
     Geschmackssinn: Wasser, Fische
     Sehsinn: Luft, Zwillinge
     Wärmesinn: Feuer, Schütze

ERKENNTNISMÄßIGE SINNE (kardinale Zeichen, Merkur/Hod, Säule
des Wassers, Nerven und Knochen, Wachen):

     Ich-Sinn: Feuer, Löwe
     Gedankensinn: Luft, Wassermann
     Hörsinn: Erde, Stier
     Sprachsinn: Wasser, Skorpion

Die Tierkreiszeichen mit den in ihnen herrschenden Planeten;
Gegenüberstellung von Steinerschen Sinnen und den ihnen zuge-
ordneten Eigenschaften (nach John C. Lilly: IM ZENTRUM DES ZY-
KLONS):

WIDDER (Mars): Bewegungssinn - Substanz
STIER (Venus): Hörsinn - Form
ZWILLINGE (Merkur): Sehsinn - Möglichkeiten
KREBS (Mond): Lebenssinn - Bedürfnisse
LÖWE (Sonne): Ich-Sinn - Impulse
JUNGFRAU (Merkur): Geruchsinn - Assimilation
WAAGE (Venus): Gleichgewichtssinn - Elimination
SKORPION (Mars, Pluto): Sprachsinn - Orientierung
SCHÜTZE (Jupiter): Wärmesinn - Fähigkeit
STEINBOCK (Saturn): Tastsinn - Charisma
WASSERMANN (Saturn, Uranus): Gedankensinn - Mittel
FISCHE (Jupiter, Neptun): Geschmackssinn - Ziele

    Zusammen mit einigen anderen Anschauungen Rudolf Steiners be-
züglich der Entwicklung des Menschen und des Aufbaues seiner Psyche lassen sich die Sinne wie folgt in den Sephiroth TIPHARETH
bis MALKUTH darstellen :

Abbildung 83: Die Sinne als Ausstrahlungen des Willens (nach
Rudolf Steiner)

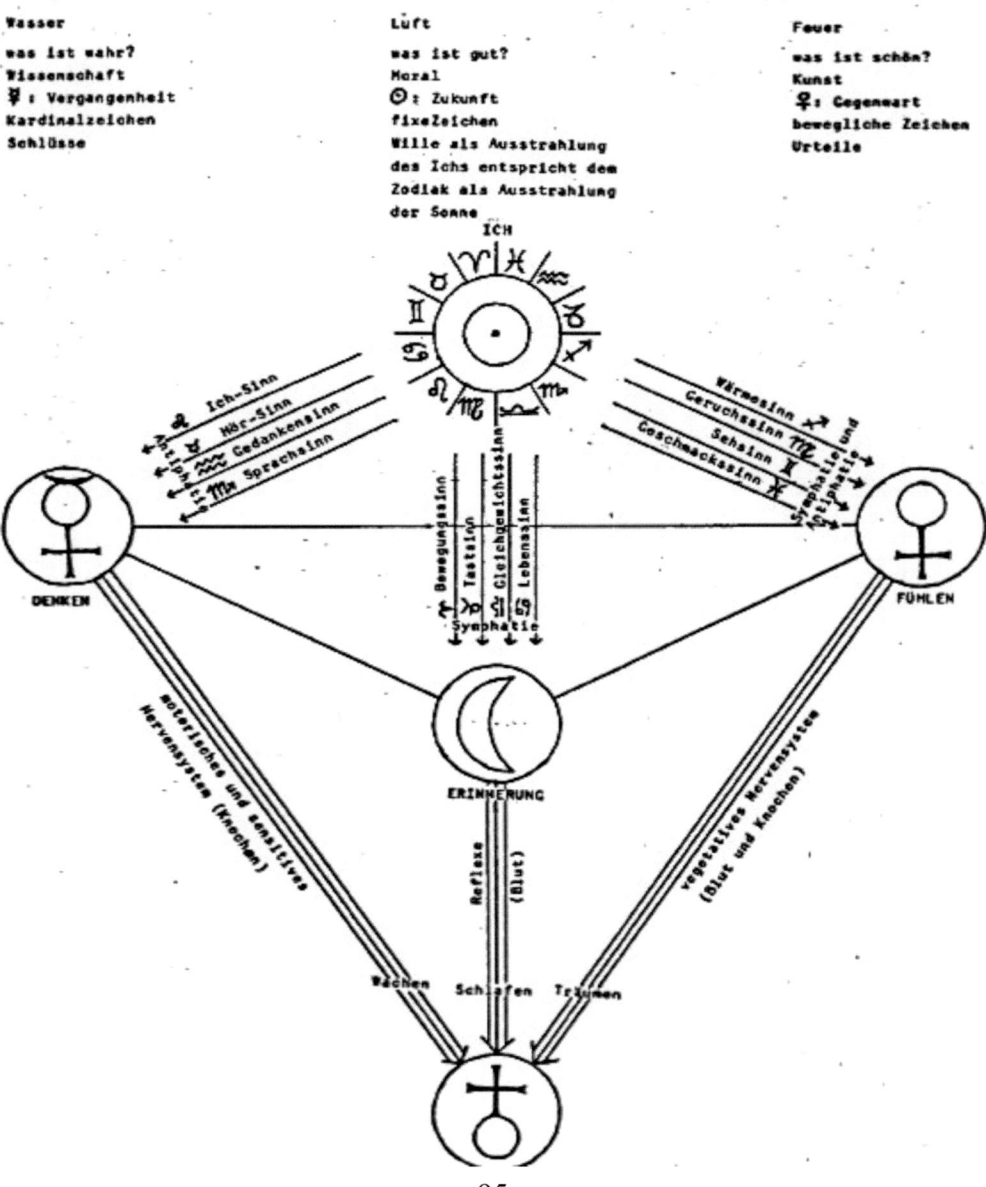

Wasser

was ist wahr?
Wissenschaft
♇: Vergangenheit
Kardinalzeichen
Schlüsse

Luft

was ist gut?
Moral
☉: Zukunft
fixeZeichen
Wille als Ausstrahlung
des Ichs entspricht dem
Zodiak als Ausstrahlung
der Sonne

Feuer

was ist schön?
Kunst
♀: Gegenwart
bewegliche Zeichen
Urteile

95

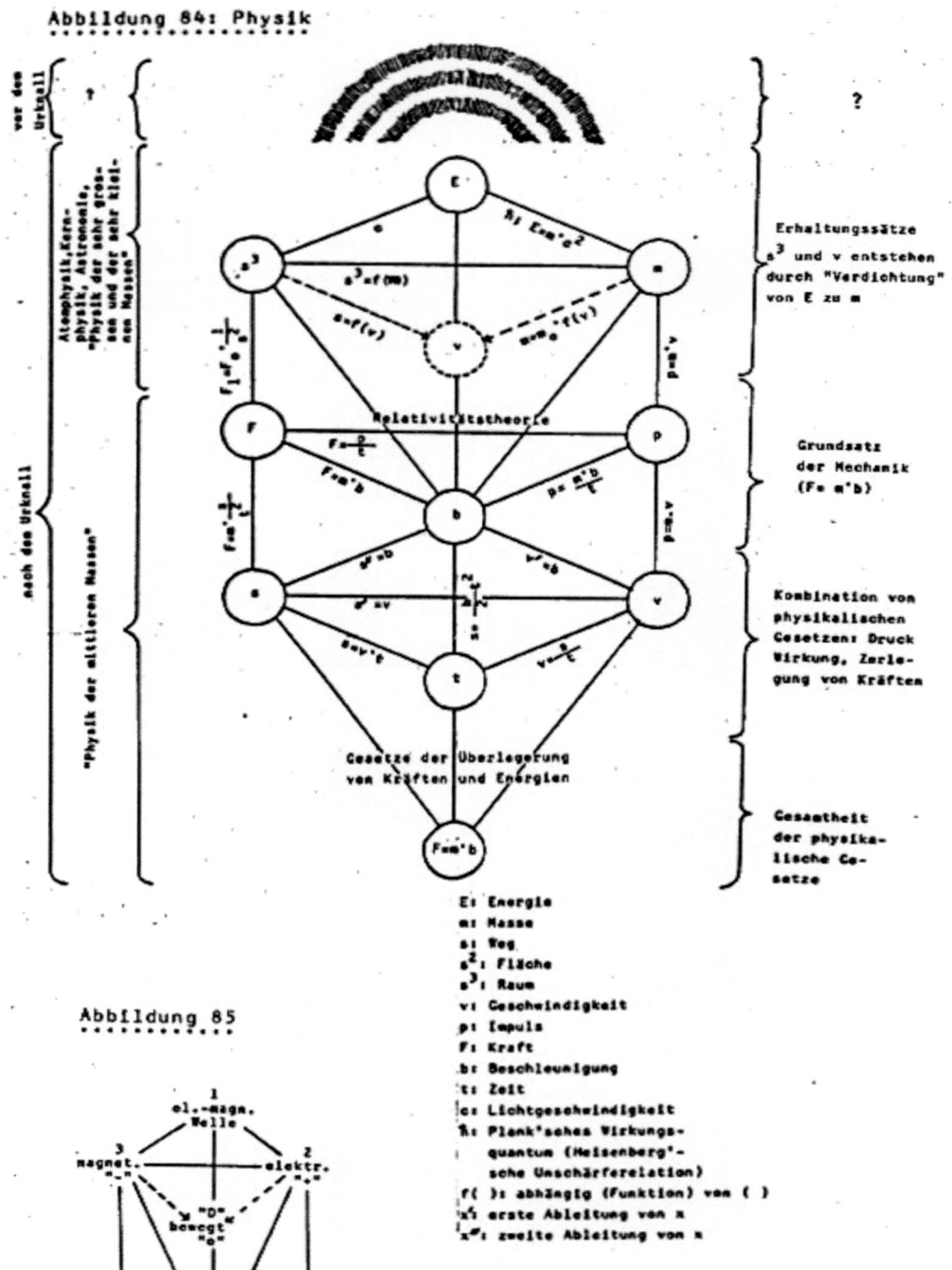

Abbildung 86: Klassisches Ballett, indischer Tempeltanz oder
sonst ein Tanz mit genau festgelegten Bewegungs-
abläufen

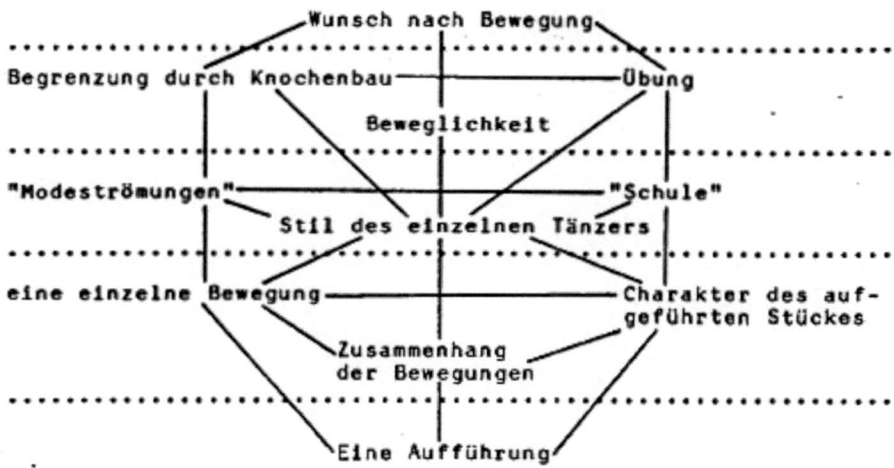

Abbildung 87: Ein Ritual

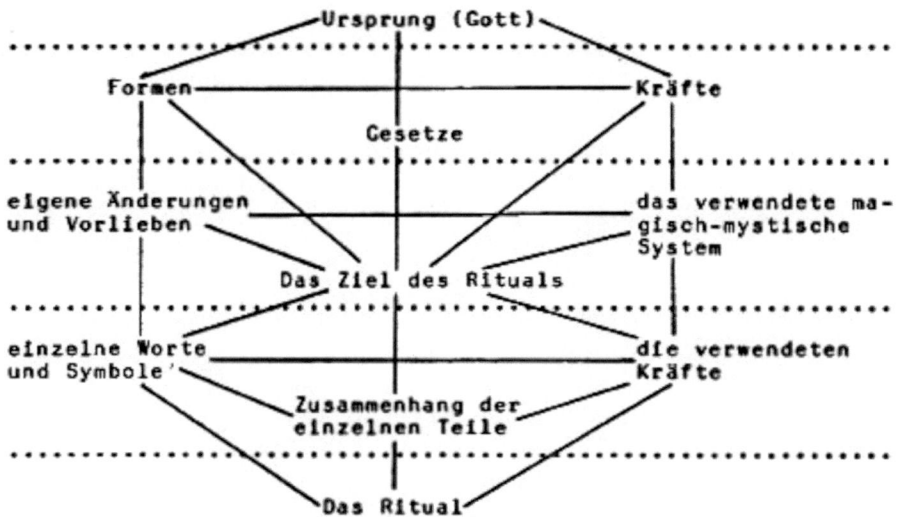

Die vier "Übergänge" stellen auch eine Unterteilung nach der Zeit, sowohl der Häufigkeit als auch der Dauer, dar:

Am Anfang war der Ursprung (Gott) bzw. der Wunsch nach Bewegung; sie sind ständig vorhanden.

"Grenze" unter KETHER: Es können nun verschiedene Welten entstehen bzw. verschiedene Personen erreichen einen unterschiedlichen Grad an Beweglichkeit.

"Abgrund"(unter DAATH): Es werden verschiedene Systeme bzw. "Schulen" benutzt, an die man sich zumindest für ein paar Jahre hält, bevor man wechselt.

"Graben" (unter TIPHARETH): Einzelne Bewegungen, Symbole und Worte werden zu einem Ritual bzw. einem Tanz für einen bestimmten Zweck/Ausdruck zusammengefügt.

"Schwelle" (unter YESOD): Eine der Aufführungen des Rituals oder des Tanzes.

Schlußfolgerungen aus der Akupunktur:

Wenn man bei der Akupunktur nach Analogien sucht, wird man zuerst einmal feststellen, daß es zwölf Meridiane (Linien) gibt, auf denen fünf Arten von Akupunkturpunkten liegen:

1. Harmonisierungspunkt (Erde): Stahlnadel, Fingerdruck
2. Anregungspunkt (Feuer): Goldnadel (Gold - Sonne, auch in der Homöopathie)
3. Beruhigungspunkt (Wasser): Silbernadel (Mond - Silber)
4. Mu- oder Alarmpunkt (Luft): Fingerdruck (wird für Diagnosen und Erste Hilfe gebraucht)
5. Spezialpunkt (eine Kombination von 1 bis 4): Fingerdruck, Gold-, Silber- und Stahlnadel

Bei den zwölf Meridianen fallen einem sofort die zwölf Zeichen des Zodiaks (Tierkreises) ein und wie sich in einem Gespräch zwischen einem Astrologen und einem Akupunkteur schnell herausfinden ließ, sind beide Kreise analog aufgebaut. Je vier Meridiane bilden einen Kreis, von denen je drei nebeneinanderliegen. Diese zwölf Meridiane sind sowohl auf der linken als auch auf der rechten Seite des Körpers vorhanden. Meridian 13 und 14 verlaufen genau auf der Körpermitte (Rückgrat - Scheitel - Nase - Bauchnabel usw.) und entsprechen vermutlich der Ekliptik.

Hier die Analogien:

a) 1. Vierheit (Widder bis Krebs, Meridian 9 bis 12): der innere Kreis der Meridiane; astrologisch: ICH.

2. Vierheit (Löwe bis Skorpion, Meridian 1 bis 4): der äus-
sere Kreis der Meridiane; astrologisch: KONTAKTE.

3. Vierheit (Schütze bis Fische, Meridian 5 bis 8): der mittlere Kreis der Meridiane; astrologisch: WELT.

b) FEUER (Widder, Löwe, Schütze): Meridiane verlaufen von der
Brust zu den Fingern; Sauerstoffhaushalt.

ERDE (Stier, Jungfrau, Steinbock): Meridiane verlaufen von
den Fingern zum Kopf; Verdauung.

LUFT (Zwillinge, Waage, Wassermann): Meridiane verlaufen
vom Kopf zu den Zehen; Hohlorgane.

WASSER (Krebs, Skorpion, Fische): Meridiane verlaufen von
den Zehen zur Brust; Hormone.

c) Übereinstimmungen von astrologischen Eigenschaften (Organ-
zuordnungen) eines Tierkreiszeichens und den Funktionen des
entsprechenden Meridians.

d) Die Entsprechung in der Akupunktur zu der Unterteilung in
fixe, kardinale und bewegliche Zeichen haben wir noch nicht
herausfinden können.

Eine kurze Charakteristik der zwölf Meridiane:

1. Meridian: Herz; Brust - Finger, außen; 13 bis 15 Uhr am aktivsten; Löwe, Feuer, 2. Vierheit; Sauerstoffhaushalt.

2. Meridian: Dünndarm; Finger - Kopf, außen; 15 bis 17 Uhr am
aktivsten; Jungfrau, Erde, 2. Vierheit; Verdauung.

3. Meridian: Blase; Kopf - Zehen, außen; 17 bis 19 Uhr am aktivsten; Waage, Luft, 2. Vierheit; Hohlorgane.

4. Meridian: Nieren; Zehen - Brust, außen; 19 bis 21 Uhr am aktivsten; Skorpion, Wasser, 2. Vierheit; Hormone.

5. Meridian: Kreislauf/Sexualität; Brust - Finger, Mitte; 21
bis 23 Uhr am aktivsten; Schütze, Feuer, 3. Vierheit; Sauerstoffhaushalt.

6. Meridian: "Dreifacher Erwärmer"; Finger - Kopf, Mitte; 23
bis 1 Uhr am aktivsten; Steinbock, ERde, 3. Vierheit; Verdauung.

7. Meridian: Galle; Kopf - Zehen, Mitte; 1 bis 3 Uhr am aktivsten; Wassermann, Luft, 3. Vierheit; Hohlorgane.

8. Meridian: Leber; Zehen - Brust, Mitte; 3 bis 5 Uhr am aktivsten; Fische, Wasser, 3. Vierheit; Hormone.

9. Meridian: Lunge; Brust - Finger, innen; 5 bis 7 Uhr am aktivsten; Widder, Feuer, 1. Vierheit; Sauerstoffhaushalt.

10. Meridian: Dickdarm; Finger - Kopf, innen; 7 bis 9 Uhr am
aktivsten; Stier, Erde, 1. Vierheit; Verdauung.

11. Meridian: Magen; Kopf - Zehen, innen; 9 bis 11 Uhr am aktivsten; Zwilling, Luft, 1. Vierheit; Hohlorgane.

12. Meridian: Milz/Pankreas; Zehen - Brust, innen; 11 bis 13
Uhr am aktivsten; Krebs, Wasser, 1. Vierheit; Hormone.

Die Aufteilung in astrologische "Häuser" entspricht vermutlich den "Aktivzeiten" der Meridiane. Es wäre nun interessant,
festzustellen, ob z.B. eine Sonne-Mars-Konjunktion in den Fi-
schen im Geburtshoroskop eine Überfunktion des Lebermeridians
bei dem Betreffenden hervorruft oder ob es eine jährliche (Sonne) und monatliche (Mond) (entsprechende Zeiten bei den anderen
Planeten) Aktivitätsverschiebung in den den Meridianen entsprechenden Zeichen gibt. Dies ließe sich relativ einfach statis-
tisch mittels der Schwankungen des elektrischen Hautwiderstan-
des an den Akupunkturpunkten feststellen.

Wenn man dann schon einmal bei der Statistik ist, könnte
man auch gleich die Zusammenhänge zwischen dem Horoskop und
den Handlinien und der Iris (Auge) eines Menschen genauer herausfinden.

Die Abläufe in den Meridianen sind vielfältig; zum einen
strömen entlang der Meridiane in den Zellzwischenräumen Eiwei-
ße, DNS und weitere organische Substanzen; unter anderem soll
es in ihnen sogenannte "Sanale" geben, präzelluläre Gebilde,
die sich im Reagenzglas zu Zellen entwickeln können und die von
Professor Kim Bong Han entdeckt wurden. Sie weisen eine große
Ähnlichkeit mit den Reichschen "Bionen" auf. Des weiteren
strömt in ihnen eine "nichtphysikalische" (dies Wort ist etwas

irreführend, besser wäre vielleicht: in der heutigen Physik
noch unbekannte) Energie, Chi, Prana oder Od genannt.

Diese Meridiane sind offenbar nach einem ganz anderen, "pe-
riodisch-geometrischen" System aufgebaut als z.B. der Blutkreislauf, der sich an die Lage von Organen und Gliedern hält und der
lediglich die Einteilung Herz (Feuer), Lunge (Wasser), Adern mit
Blut (Luft) und Blutkreislauf als Ganzes (Erde) zuläßt. Der Körper ist ein aus sich ergänzenden Einzelteilen zusammengesetztes
MALKUTH-Gebilde, während das Meridian-System mit seiner Symme-
trie (Zodiak) und seinen Perioden (langfristige Änderungen, täg-
liche Aktivzeiten), von denen die Gesundheit des Körpers abhängt (32. Pfad von Yesod nach Malkuth), eine YESOD-Struktur ist,
die mehr die Zusammenhänge und die Gemeinsamkeiten betont.
Der lunare (Mond, YESOD) Charakter der Akupunktur ist auch dadurch nachweisbar, daß die Akupunkturpunkte am stärksten auf
die Einstrahlung von Od (Chi, Prana, die Energie der Magier,
Mystiker und Yogis) durch sogenannte "Heiler" reagieren.

Somit wären im menschlichen Körper und wahrscheinlich auch
in Tier und Pflanze zwei Funktionsebenen, zwei Sephiroth vorhanden. Da nun zwei Sephiroth nie alleine vorhanden sind (wenn
nur eine Einheit gefunden wird, kann es sein, das sie schon alles umfaßt), kann man daher auf noch acht weitere (und DAATH,
die Verborgene) Sephiroth/Ebenen schließen. Da die Meridiane
dem Zodiak entsprechen, der eine Ausstrahlung der Sonne ist,
muß es auch eine "Sonne" der Meridiane geben (siehe S. 95:
R. Steiner: Die Sinne als Ausstrahlungen des Willens).

Biologie/Physik/Chemie/Medizin einerseits und das Meridian-
System andererseits bilden die zwei Punkte, die den Lebensbaum festlegen, die die Richtung weisen, in der zu suchen ist,
die den Anfang des roten Fadens der Ariadne bilden.

Von diesem Ansatzpunkt ausgehend, läßt sich folgende erste
Hypothese aufstellen (Sephiroth VII bis X):

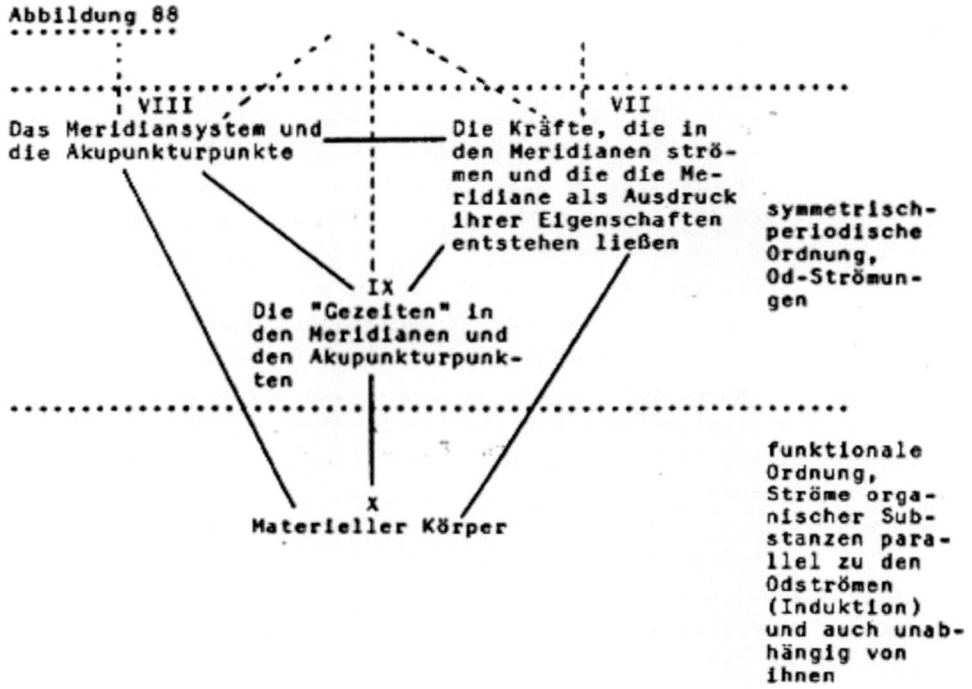

Abbildung 88

VIII
Das Meridiansystem und
die Akupunkturpunkte

VII
Die Kräfte, die in
den Meridianen strö-
men und die die Me-
ridiane als Ausdruck
ihrer Eigenschaften
entstehen ließen

symmetrisch-
periodische
Ordnung,
Od-Strömun-
gen

IX
Die "Gezeiten" in
den Meridianen und
den Akupunkturpunk-
ten

X
Materieller Körper

funktionale
Ordnung,
Ströme orga-
nischer Sub-
stanzen para-
llel zu den
Odströmen
(Induktion)
und auch unab-
hängig von
ihnen

Die organischen Substanzen, die entlang der Meridiane in den
Interzellularräumen fließen, lassen sich als durch die YESOD-
Ebene in der MALKUTH-Ebene induzierte Ströme auffassen. (Ana-
logie zwischen den Strukturen (Lebensbaum innerhalb einer Se-
phirah) der einzelnen Sephiroth eines Lebensbaumes; die höhere
Sephirah beeinflußt die niedrigere Sephirah.)

Eine weitere Information kann noch verarbeitet werden: Der
"Heiler" und der Yogi können mittels ihres Willens dieses Od
lenken. Es muß demnach eine Substanz, eine Struktur und einen
Ort geben, von dem das Od (NETZACH), die Meridianstruktur (HOD)
und die Gezeiten (YESOD) ausgehen. Diese Willensanalogie muß
TIPHARETH, die "Sonne" des Meridiankreises, sein, da die eben
genannten Zusammenhänge aus anderen Lebensbäumen bereits bekannt sind.

Da sich die Substanz jeder Ebene aus den Einheiten der
Substanz der über ihr liegenden Ebene zusammensetzt, lassen
sich Schlüsse über die Natur des Odes
ziehen. Es handelt sich hierbei möglicherweise um die seltsamen subatomeren
Teilchen, die YESOD-Eigenschaften wie
Heisenber'sche Unschärferelation oder
die "statistische Kausalität" aufweisen.
Wahrscheinlicher erscheint es uns jedoch,
daß sich diese subatomaren Teilchen selber aus dem Od aufbauen. (Wer sich hierfür näher interessiert, dem sei die Beschäftigung mit Mystik, Magie, Telepatie,
Astralreisen, Wilhelm Reichs Orgon, Kernphysik u.ä. empfohlen - der Zusammen-
hang zwischen dem physikalischen und dem magischen Weltbild bzw.
ihren Erscheinungen ist nach wie vor ungeklärt.)

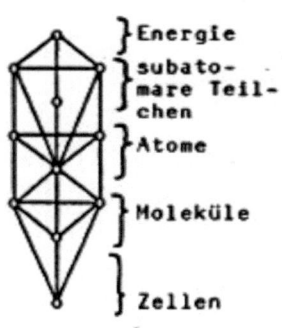

Abbildung 89

Energie
subato-
mare Teil-
chen
Atome
Moleküle
Zellen

Wie dem auch sei, das Wassertrigon besteht jedenfalls aus
Einheiten, aus denen sich die Einheiten des Lufttrigons aufbauen. Zudem bleibt das Wassertrigon über längere Zeit unver-
ändert als das Lufttrigon, dessen Meridiansystem das ganze Leben über erhalten bleibt (siehe Lebensbaum des klassischen
Balletts S. 97 bezüglich der Dauer der Ebenen). Wenn man die
Analogien weiterverfolgt und sich in Erinnerung ruft, daß das
Herz die TIPHARETH-(Sonnen)-Entsprechung im materiellen Körper (MALKUTH) und der Herzmeridian der Anfang des Meridiankreises ist (NETZACH,HOD,YESOD; die Tarotzuordnung des Golden
Dawn zum Tierkreis beginnt bei Regulus im Löwen, der Herzent-
sprechung in der Astrologie und der Akupunktur), fällt einem
vermutlich ein, daß das Herz in der Religion, der Mystik und
der Mythologie als Sitz der Seele betrachtet wird.

Dieses "Herzzentrum" wäre, wenn nachgewiesen würde, daß die
Planetenkonstellationen im Geburtshoroskop Über- und Unterfunk-
tionen in den entsprechenden Meridianen hervorrufen, vom Horoskop (Planeteneinfluß zum Zeitpunkt der Geburt) unabhängig, da
es den Meridian-Zodiak erst ausstrahlt und somit ein möglicher
Hinweis auf die Reinkarnation, etwas, was schon vor der Geburt
existiert. Dies ist natürlich kein Beweis, sondern nur ein Hinweis.

Man könnte in diesem Zusammenhang auch einmal untersuchen, ob neugeborene Kinder bereits (körperliche) Eigenschaften ihres Geburtshoroskopes (das Horoskop ist auch eine YESOD-Struktur, oder genauer, sie entspricht dem "Graben" unterhalb von TIPHARETH) aufweisen. Wenn dies nachweisbar wäre (und Ammen können Babies sehr gut unterscheiden), hätte sich das Kind von der Zeugung bis zur Geburt so entwickelt, daß es zu seinem Horoskop "paßt"; das heißt, es gäbe etwas in ihm (oder etwas außerhalb von ihm), das die Planetenkonstellationen und ihre Entsprechungen kennt und fähig ist, die Entwicklung des Kindes bis zur Geburt und darüberhinaus entsprechend zu lenken. Dieses "Etwas", das ganz offensichtlich im materiellen Körper nicht zu finden ist, wäre die TIPHARETH-Struktur aus dem in dieser Abhandlung betrachteten Lebensbaum.

Wenn die Analogien und Zuordnungen soweit stimmen, handelt es sich bei dem Lufttrigon um einen "Lebenskörper" (Aktivitätsschwankungen, Gesundheit, Od = Lebenskraft) und bei dem Wassertrigon um die "Seele". TIPHARETH wäre das "Programm" dieses Lebens, CHESED die Zusammenfassung aller bisherigen und die Planung zukünftiger "Lebensprogramme" und GEBURAH wären Änderungen durch CHESED in TIPHARETH und Korrekturen durch TIPHARETH in CHESED. Da nur MALKUTH, YESOD und bis zu einem gewissen Grad noch TIPHARETH bekannt sind, werden die Aussagen über die höheren Sephiroth allgemeiner, auch wenn ihre Eigenschaften bekannt sind. Der Lebensbaum enthält "Inhalte und Qualitäten" und keine "Formen und Quantitäten". Das zweite ergibt sich aus dem jeweiligen Anwendungsbereich des Lebensbaumes.

Entsprechend den Analogien wäre DAATH wiederum aus einer noch ursprünglicheren Substanz und das Entwicklungsgesetz eines oder eventuell mehrerer Menschen (oder Lebewesen) für die Gesamtheit seiner Leben. BINAH wäre die Wurzel aller Formen und CHOKMAH die Wurzel aller Kräfte. KETHER ist dann diesen Analogien zufolge das "Sein", die Einheit und Wurzel alles Existierenden und somit auch des Menschen.

Die Argumente für und wider diesen Lebensbaum würden ein eigenes Buch füllen, weshalb wir es bei dieser Hypothese belassen wollen.

Die "Lebensgeschichte" eines BUCHES in den vier kaballistischen Welten:

1. ATZILUTH (Feuer, Gott): Schreiben eines Buches

Abbildung 90

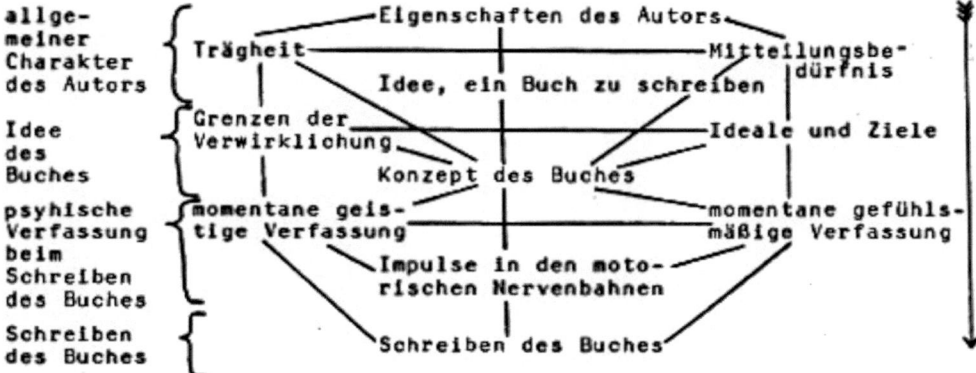

2. BRIAH (Wasser, Erzengel): Druck des Buches

Abbildung 91

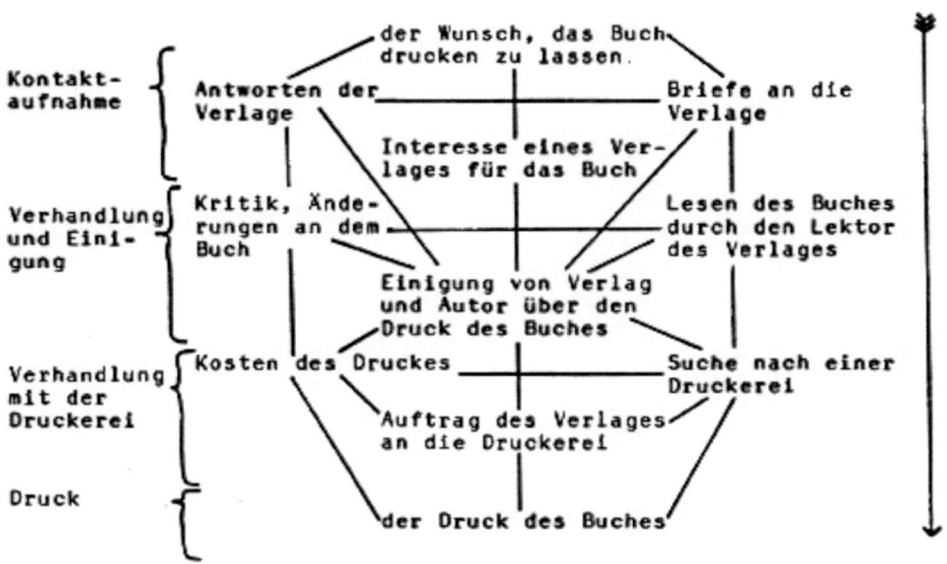

3. YEZIRAH (Luft, Engel): Lesen des Buches

Abbildung 92

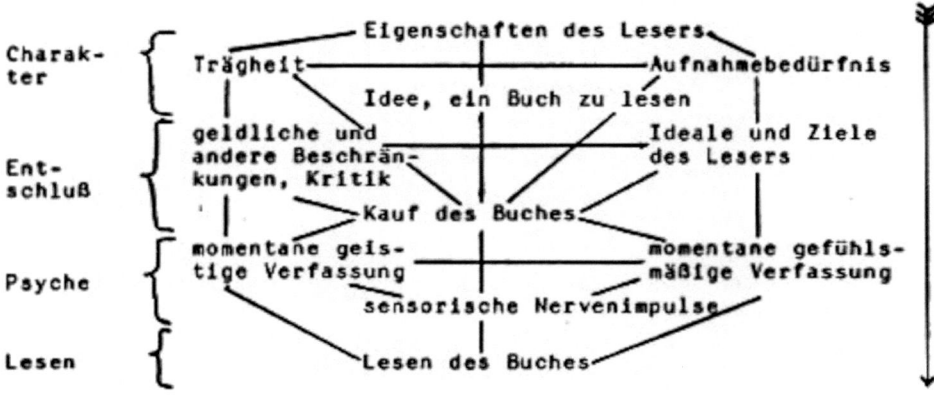

4. ASSIAH (Erde, Schöpfung): Wirkung des Buches (nur der geistig-psychische Ansatzpunkt, nicht der wirtschaftliche, politische, kulturelle usw.)

Abbildung 93

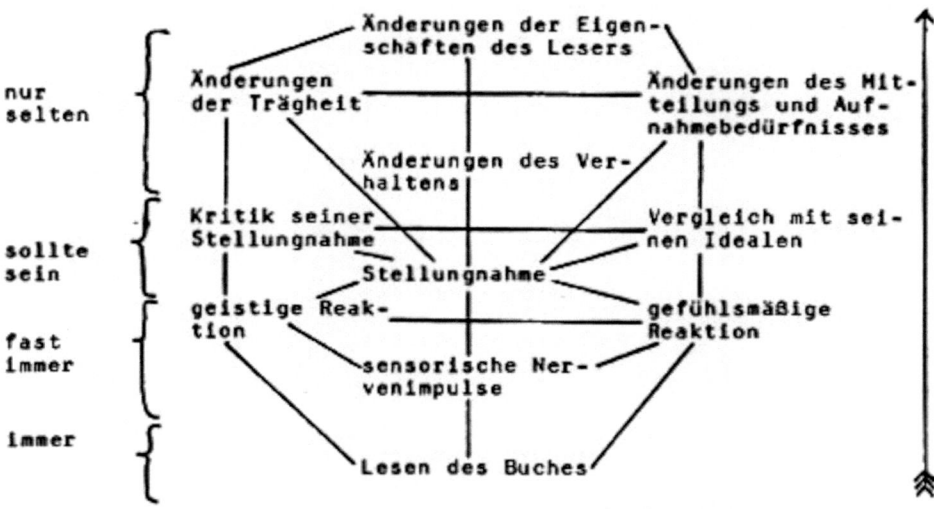

Bei den ersten drei Lebensbäumen verläuft der Vorgang von KETHER nach MALKUTH, es handelt sich hierbei um aktive Vorgänge, die von einer Initiative, einem Wunsch ausgehen und ein Resultat erzeugen;

bei dem vierten Lebensbaum ist es umgekehrt, es ist ein passiver Vorgang, jemand nimmt etwas in sich auf; die Wirkung entspricht der aufsteigenden "Schlange der Weisheit" (von MALKUTH nach KETHER), während die Schöpfung einer Sache dem herniederfahrenden "Blitzstrahl", dem "Flammenden Schwert" analog ist.

- ------ -

MYSTIK (Über diesen Lebensbaum ließen sich viele dicke Bände füllen; Interessierten seien die bereits erwähnten Bücher von Dion Fortune und Gareth Knight empfohlen (s.S. 50); "The Cosmic Doctrine" von Dion Fortune ist ebenfalls sehr aufschlußreich, aber der kaballistische Aufbau ist nicht auf den ersten Blick ersichtlich.)

Abbildung 94

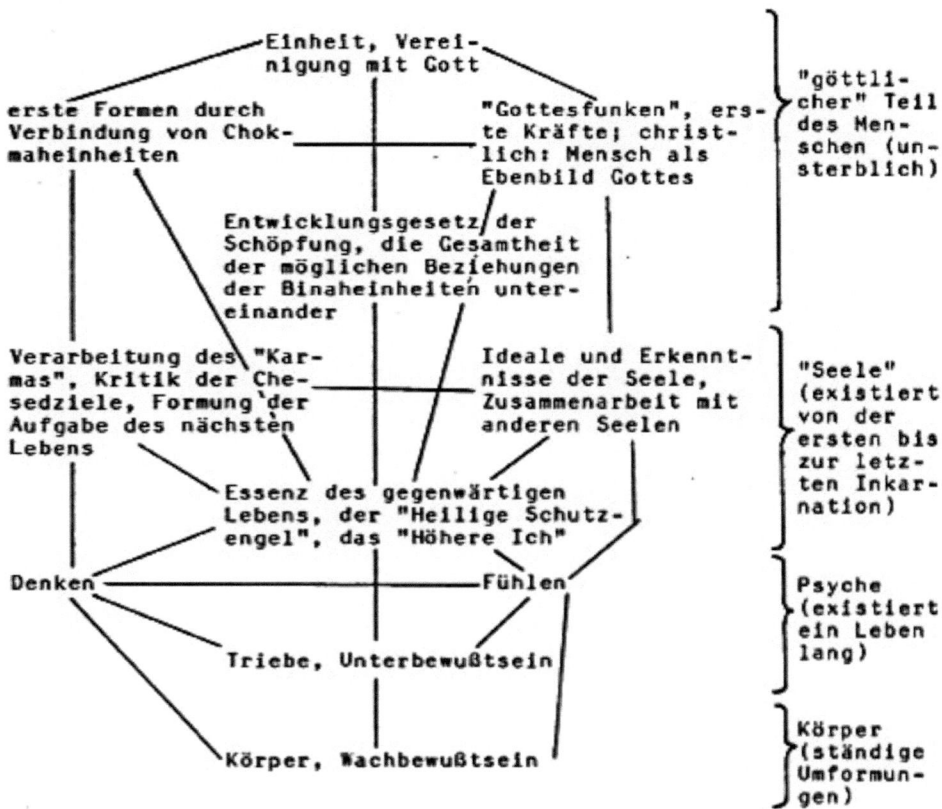

107

DIE ENTWICKLUNG DER STERNE

(Das Wassertrigon, das die Galaxien darstellt, ist rein hypo-
thetisch, da über die Entwicklung in einer Galaxie (=Milchstra-
ße) bisher nur sehr wenig bekannt ist.)

a) Säule des Wassers(III, V, VIII): zusammenziehen, Kontraktion
b) Säule des Feuers(II, IV, VII): ausdehnen, Expansion
c) Säule des Lichtes(I, D., VI, IX, X):
   1. Quintessenz(I): Anfang, Entstehung
   2. Luft(D., VI, IX): Pulsation, periodische Veränderungen
   3. Erde(X): Endzustand, Ruhe

Abbildung 95
. . . .

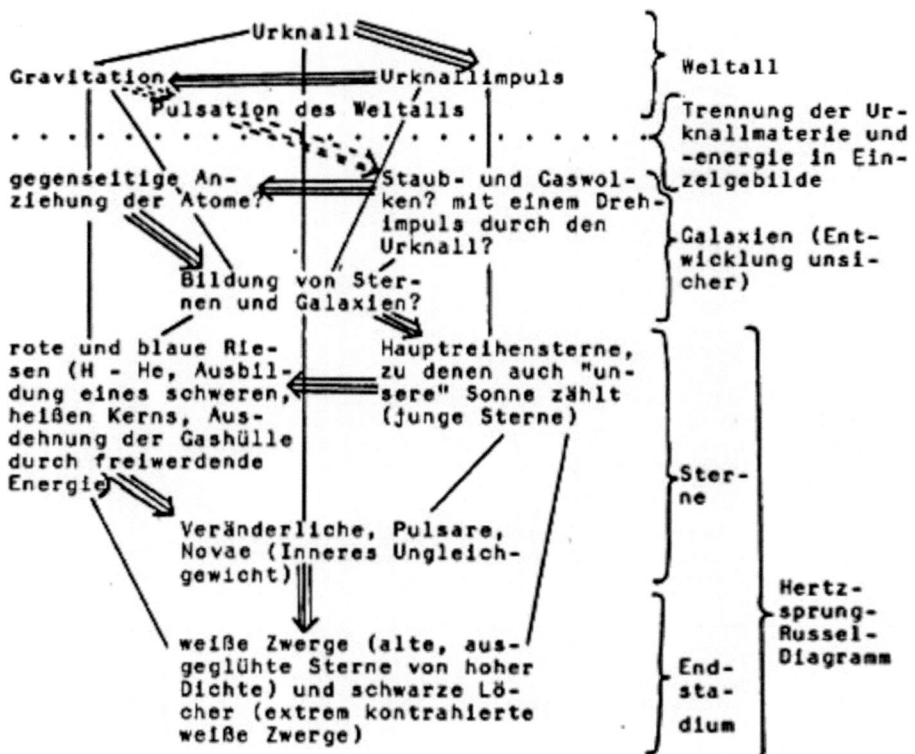

III Der Mensch aus der Sicht des Lebensbaumes

Als letztes und wohl interessantestes Beispiel folgt nun die kaballistische Betrachtung des Menschen. Da der Lebensbaum eine Struktur ist, die sich mit verschiedenen Inhalten füllen läßt, gibt es je nach Weltanschauung mehrere Versionen dieses philosophischen Gewächses.

Man kann den Lebensbaum nun als eine Landkarte benutzen, um sich selber zu erforschen. Dies ist natürlich nur eine von vielen möglichen Methoden, aber sie hat den Vorteil, neutral zu sein und andere Systeme von der Psychoanalyse bis zur Meditation und Astrologie in sich aufnehmen zu können. Jeder kann den Lebensbaum seinen eigenen Bedürfnissen entsprechend gestalten; die universelle Landkarte paßt sich dem Charakter jedes Einzelnen an.

Die Analyse beginnt in MALKUTH und führt dann über YESOD, HOD usw. bis nach KETHER. Man sollte sich für jede Sephirah genügend Zeit lassen, mindestens einen Monat; um so weiter man kommt, desto mehr. So könnte man z.B. folgenden Plan für MALKUTH bis TIPHARETH aufstellen, der aus dem zumindest für den okkultistisch interessierten Leser sehr empfehlenswerten Buch "The Golden Dawn" von Israel Regardie stammt:

MALKUTH: 1 Monat
YESOD: 1 Monat
HOD: 1 Monat
NETZACH: 3 Monate
PAROKETH ("Graben"): 7 Monate (7 Planeten)
TIPHARETH: 9 Monate (Zeugung bis Geburt)

Statt Monaten können auch die Zeit von einem Vollmond bis zum nächsten oder die Dauer eines Tierkreiszeichens genommen werden. Den Zeitplan sollte man anfangs höchstens bis NETZACH oder TIPHARETH festlegen, da man die Entwicklung dieser "Selbstbetrachtung" noch nicht kennt. Man kann auch in den obengenannten Plan noch je ein oder zwei Wochen für jeden Pfad einfügen.

An dem Tag, an dem eine Sephirah beendet ist, sollte man irgendetwas Besonderes tun, um dies der Psyche einzuprägen. Dies kann ein Gebet, ein Ritual, eine Meditation, aber genausogut der Besuch eines der Sephirah entsprechenden Ortes (MALKUTH - frisch gepflügter Acker; YESOD - Höhle, Meer; HOD - Kristallausstellung, symmetrisches Gebäude, Universität; NETZACH - Park, Blumenausstel-

lung, Tanzveranstaltung; TIPHARETH - Sonnenaufgang usw.) oder
einer Person sein. Man kann sich auch eine Aufgabe stellen, die
man in der für die Sephirah angesetzten Zeit lösen muß.

Durch die Fixierung auf ein bestimmtes Datum wird dem Willen
und der Konzentration erleichtert, ein bestimmtes Ziel zu erreichen, so wie sich z.B. viele Raucher vornehmen, ab einem bestimmten Geburtstag oder Feiertag nicht mehr zu rauchen. Durch
solcherart erzielte kleine Erfolge und dadurch, daß sie und alle
Inhalte der Psyche mit der Zeit in den Lebensbaum einsortiert
werden, erhalten die Sephiroth nach und nach eine so hohe Bedeutung und der Wille eine so hohe Spannkraft, daß auch schwierige-
re Probleme, vor denen man sich bisher "gedrückt" hat, bewältigt
werden können. Dadurch, daß alle Erfolge und Erinnerungen durch
die Struktur des Lebensbaumes miteinander verbunden sind, unter-
stützt jeder Schritt alle folgende Schritte. Es wird gewissermaßen ein Schneeball ins Rollen gebracht, der zu einer Lawine an-
wächst, die sich unaufhaltsam entlang der Pfade und Sephiroth
auf KETHER zubewegt; wenn die Entwicklung erst einmal in Gang gekommen ist, läuft sie ohne eigenes Dazutun weiter und es werden
einem mit der Zeit Schwierigkeiten und Zusammenhänge klarer.

Ab einem bestimmten Zeitpunkt, der wohl individuell verschie-
den ist und von der Intensität der Beschäftigung mit dem Lebensbaum abhängt, beginnt auch die Umwelt, der Zufall oder wie man
es nennen will, einem zu helfen, einen zu bestimmten Entscheidungen zu zwingen oder die Aufmerksamkeit auf bisher Übersehenes zu
lenken. Je nach Geschmack kann man sagen, dies sei Zufall, eine
psychologisch erklärbare, subjektiv-einseitige Interpretation der
Erlebnisse, Telepathie oder durch die Konzentration auf den Lebensbaum hervorgerufene analoge Ereignisse in der Umwelt. Die beiden ersteren Erklärungen werden aber bisweilen sehr schnell un-
haltbar.

Wem der folgende Lebensbaum zu mystisch wirkt, kann sich durchaus auf die ihm symphatischen Analogien beschränken und sich seinen eigenen Lebensbaum schaffen, denn das folgende enthält keine
absolute Wahrheit, sondern nur unsere Gedanken, Erfahrungen und
Vermutungen.

10. SEPHIRAH: MALKUTH

Nachdenken über die Tugend MALKUTHs, die Unterscheidungskraft;
Meditieren über das Element Erde; Entwicklung von Realitätssinn;
Beschäftigung mit Beruf, Einkommen, Wohnung, Gesundheit, Medizin,
Politik, Wirtschaft; Lesen der Kapitel über diese Sephirah in
den kaballistischen Büchern; Gebete an den Erzengel Sandalphon
(entsprechend auch bei den übrigen Sephiroth); Meditation über
den Planeten Erde; Kontemplation über Sachlichkeit, Genauigkeit,
Abgrenzung, Neutralität, Vielfalt, Sinn und Unsinn der Weltflucht.
Im Laufe dieser Betrachtungen werden einem noch eine Menge Gedanken und Aktivitäten zu dieser Sephirah einfallen. Mit einem Gebet, einer Invokation des ägyptischen Ergottes Geb oder der "Mutter Erde", der Weihung eines Erdtalismans oder der Unterzeich-
nung des langersehnten Mietvertrages endet dann die erste Sephirah, der Startpunkt in MALKUTH.

Abbildung 96: Der Lebensbaum des Körpers (MALKUTH)
···

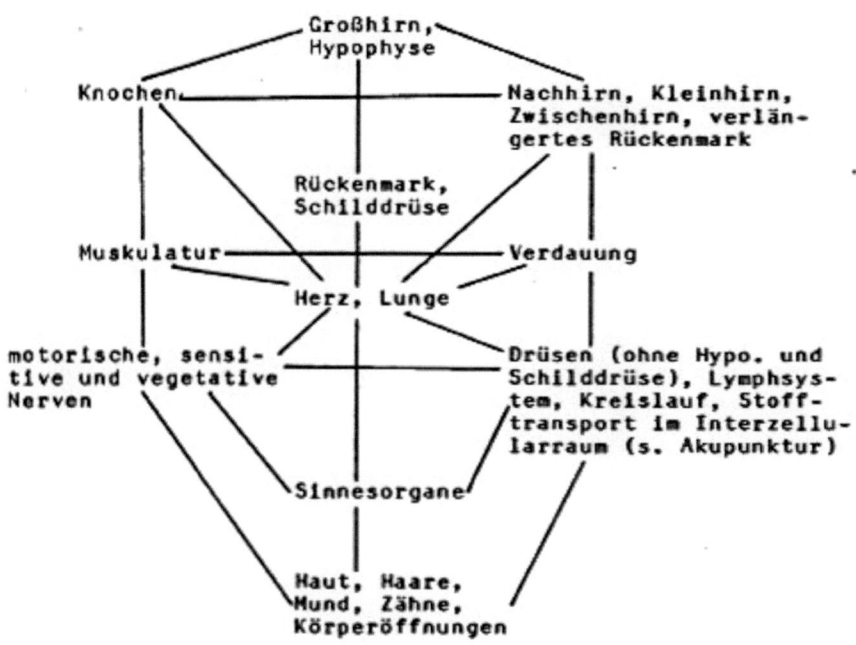

111

32. PFAD: MALKUTH - YESOD

Hier spielt der "Hüter der Schwelle" aus der Psychologie eine
große Rolle, der Wach- (Ober-) und Unterbewußtsein trennt: Füh-
rung eines Traumtagebuches, Traumanalyse, Suche nach Beweggrün-
den für die eigenen Taten, evtl. Hypnoseversuche; Chemie; Meditation über den Spruch des 32. Pfades (wie auch bei allen anderen Sephiroth und Pfaden) und über seine astrologische Zuordnung, den Saturn, den Hüter der Schwelle, die Unveränderlich-
keit, mit der die Kräfte YESODs (z.T. ausgedrückt in den Naturgesetzen) die Vielfalt der Materie MALKUTHs bewegen. Zu diesem
Pfad gehört die Tarotkarte das "Universum".

9. SEPHIRAH: YESOD

An Mannigfaltigkeit wird YESOD nur noch von MALKUTH übertroffen.
YESOD ist das Innenleben, MALKUTH ist das Außenleben. Die Mondsphäre ist der Bereich der Symbole und Bilder, MALKUTH der Bereich der Dinge, HOD der Bereich der Worte und NETZACH der Bereich der mit ihnen verbundenen Gefühle. Es empfiehlt sich nun,
sich zumindest elementare Kenntnisse der Psychoanalyse und der
Reichschen Schriften anzueignen, da eine der Hauptaufgaben dieser Sephirah das Kennenlernen seines Unterbewußtseins ist. Des
weiteren sollte über die Beziehungen zu anderen Personen nachgedacht werden. YESOD ist gleichzeitig die Wendung nach innen
und die Wendung nach außen zu anderen Menschen.

Für den Okkultisten ist dies eine der wichtigsten Sephiroth:
Atemübungen, Yoga, Visualisation, Trance, Chakraerweckung, Tele-
pathieübungen; alles, was mit Od/Prana/Chi zusammenhängt.

Meditationen über das Element Luft, den Mond, Gezeiten, Fruchtbarkeit, Triebe, die Tugend der Selbständigkeit und das Laster
der "Obszönität/Unzucht", eine der Todsünden der christlichen
Weltanschauung. Ein sicheres Zeichen des Fortschrittes bei dieser Sephirah sind lebhafte Träume. Das Lesen entsprechender Kapitel in der kaballistischen Literatur und auch zu dem Thema
passender Romane wie der "Steppenwolf" von Hermann Hesse oder
"The Seapriestess" von Dion Fortune sind hier wie auch bei allen anderen Sephiroth und Pfaden zu empfehlen. (Den YESOD-Le-
bensbaum siehe S.34, die Interpretation des Unterbewußtseins
nach Freud.)

31. PFAD: MALKUTH - HOD

Das Hauptthema ist hier die Zivilisation. Die Beherrschung
des Feuers ist eine der Grundlagen der Plutonischen Umwandlun-
gen des Menschen hin zum sprechenden, seine Umwelt verändern-
den Wesen. Dieser Pfad befaßt sich mit dem Einfluß der Formviel-
falt (HOD, Denken) auf das Endprodukt (MALKUTH, Körper, Umwelt).
Erledigt man seine Arbeit rationell? Was könnte man verbessern?
Hierher gehören das Studium der Physik und Astronomie, Erfin-
dungen, Neuerungen aller Art in Technik, Wirtschaft, Politik
und natürlich auch in der eigenen "Realitätsbearbeitung" (evtl.
Berufs- oder Wohnungswechsel). Diesem Pfad entspricht die Tarotkarte "Die Auferstehung".

30. PFAD: YESOD - HOD

Die astrologische Zuordnung dieses Pfades, die Sonne, bezieht
sich auf die Tugend YESODs, die Unabhängigkeit, die notwendig
ist, um sich von den Rollen, Gewohnheiten und Vorlieben YESODs
zu lösen und zu einem leidlich neutralen Denken in HOD zu kommen (Die Subjektivität YESODs wird gegen die Objektivität HODs
eingetauscht, damit sich später die "höhere" Subjektivität
TIPHARETHs entfalten kann.). Es werden nun die Erfahrungen mit
der Mondsphäre, der Nachtseite des Geistes, YESOD, verarbeitet,
analysiert und interpretiert. Bei diesem Versuch, zu sich und
seinen Verhaltensweisen Stellung zu beziehen, ist es sehr hilf-
reich, sich sein Horoskop zu berechnen, falls man dies noch nicht
getan hat und über selbiges nachzudenken, wodurch man nach und
nach Strukturen und Zusammenhänge (HOD) in seinem Unterbewußtsein (YESOD) finden wird. Eine Aufgabe ist es hier auch, die in
dem Dreieck MALKUTH (Umwelt), YESOD (Erinnerungen, Unterbewußtsein) und HOD (Verstand) angesammelten (Vor-) Urteile zu überprüfen. Zu diesem Pfad gehört die Tarotkarte "Die Sonne".

8. SEPHIRAH: HOD

Der Merkur ist der Planet der Sprache, des Denkens, der Philosophie, der Linguistik, der Logik, der Mathematik, der Kaballa
und der Abstraktation. Es ist hier nun ratsam, das in der Ein-
leitung erwähnte Buch von Benjamin Lee Whorf oder ein ähnliches
zu lesen, um sich mit verschiedenen Arten von Logik bekannt zu
machen. Der einzelne Satz und auch der einzelne Gedanke (HOD)

hängen von dem verwendeten Sprach- und Logiksystem (CHESED),
siehe Spruch des 8. Pfades, ab. Spätestens jetzt sollte man
auch einen Überblick über den Lebensbaum haben und zumindest
den Charakter der einzelnen Sephiroth kennen. Es werden nun
die Symbole und Bilder der Mondsphäre analysiert und in Begriffen und Definitionen dargestellt.

Meditationen über: das Element Wasser, den Planeten Merkur,
die Lage der Sephirah HOD auf dem Lebensbaum (Was bei jeder
Sephirah und jedem Pfad zu beachten ratsam ist.), Sinn und Zweck
des Denkens, Kristalle, die Tugend HODs - die Ehrlichkeit und,
last but not least, die Wahrheit.

Spätestens bei dieser Sephirah wird man den Druck merken,
der einen von der einen zur nächsten Sephirah treibt; die Hand-
lungen und Zustände in MALKUTH verlangen nach Erklärung ihrer
Ursachen und nach Zusammenhang (YESOD), die Symbole und Gezeiten, Inhalte und Bilder YESODs wollen durchdacht und verstanden werden(HOD), die Gedanken spüren, daß sie durch das Strömen der Gefühle (NETZACH) gelenkt werden und die Gefühle empfin-
den sich als Strahlen, die von einer leuchtenden Kugel (TIPHA-
RETH) ausgehen usw.

Abbildung 97: Der Lebensbaum des Menschen in HOD (Denken)

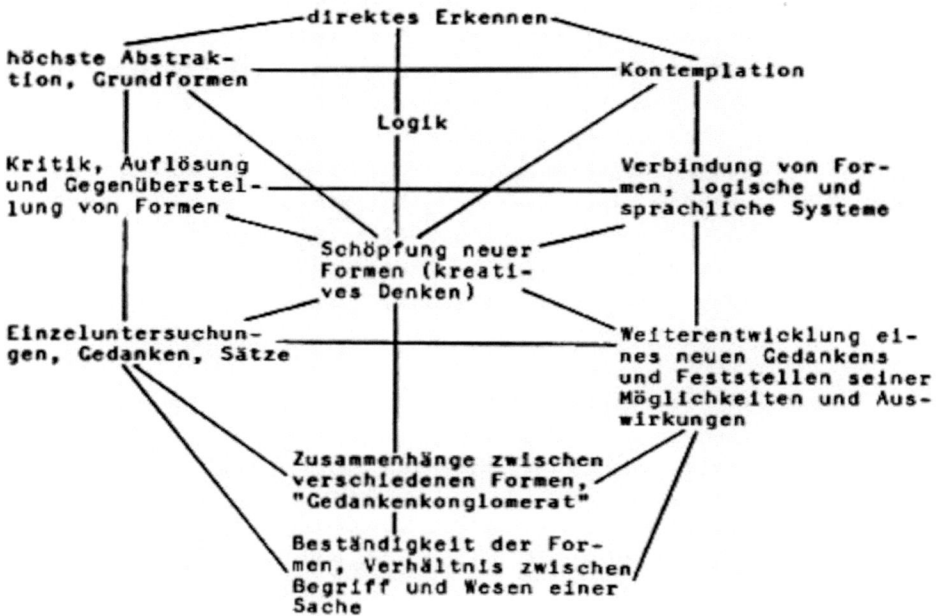

direktes Erkennen

höchste Abstrak-
tion, Grundformen   Kontemplation

Logik

Kritik, Auflösung   Verbindung von For-
und Gegenüberstel-   men, logische und
lung von Formen   sprachliche Systeme

Schöpfung neuer
Formen (kreati-
ves Denken)

Einzeluntersuchun-   Weiterentwicklung ei-
gen, Gedanken, Sätze   nes neuen Gedankens
                                           und Feststellen seiner
                                           Möglichkeiten und Aus-
                                           wirkungen

Zusammenhänge zwischen
verschiedenen Formen,
"Gedankenkonglomerat"

Beständigkeit der For-
men, Verhältnis zwischen
Begriff und Wesen einer
Sache

114

29. PFAD: MALKUTH - NETZACH

Dies ist der Pfad der Biologie, des wässrigen Fischezeichens,
der Instinkte; so wie der gegenüberliegende 31. Pfad die Zivilisation und Technik darstellt, so ist dieser Pfad die Wildnis
und der Urwald (Entsprechend war der 31. Pfad ursprünglich das
Brachland und die verborgenen Erze.). Wenn die Gefühle jedoch
verfeinert und von den Trieben gelöst werden, wandelt sich die
Wildnis zu Kunst und Kultur. Dies ist der dritte und letzte
Pfad über die Schwelle von Malkuth aus den Lebensbaum empor,
das im Menschen durch durch Triebe (Ideal der Fruchtbarkeit),
Denken (Ideal der Naturbeherrschung) und Fühlen (Ideal der Kunst)
gelenkt wird, die vor ihrem Wirksamwerden aber oft durch die
Erinnerungen, Gewohnheiten und Komplexe YESODs, der Sphäre des
Unterbewußtseins, verändert und gefiltert werden. Die Frage
des 29. Pfades ist: "Wie kann ich meine Gefühle verwirklichen?
Wie können sie Erfüllung finden?" Tarotkarte: "Mond".

28. PFAD: YESOD - NETZACH

Dieser Pfad hat große Bedeutung für die Psychologie und enthält eine große Energie, da er die beiden Kraftsephiroth unterhalb des "Grabens" verbindet. Über diesen Pfad werden Gefühle
auf bestimmte Erinnerungen, Träume, Komplexe und manchmal, wie
auch über den 29. Pfad, nur hier verbunden mit Assoziationen
zu anderen Personen, auf Menschen bezogen/projeziert. Manchmal wird der Ursprung NETZACHs statt über den 24. Pfad in TI-
PHARETH über diesen Pfad in YESOD gesucht, wodurch eine Verwech-
selung des Ichs (TIPHARETH, verborgen hinter dem "Graben") mit
dem Du (YESOD, Kontakte zu, Wahrnehmungen von und Erinnerungen
an Menschen), das Ohne-jemand-nicht-leben-können entsteht. In
dem Dreieck MALKUTH-YESOD-NETZACH können sich Traumata, Ängste
und Schocks befinden, denen das Denken bisweilen hilflos gegen-
übersteht und die dann bei der Meditation frei werden. Auf diesem Pfad sollte über Gefühle und die intensiveren Ereignisse
nachgedacht werden, die man bisher erlebt hat und, wenn möglich,
auch gefühlsmäßig noch einmal durchlebt und dabei durchdacht und
verarbeitet werden. Astrologische Zuordnung: Wassermann; Tarotkarte: "Sterne".

27. PFAD: HOD - NETZACH

Die Beziehung zwischen Denken und Fühlen ist, wie es schon das
astrologische Zeichen, der Mars, zeigt, bei den meisten Menschen voller Spannung. Diese Spannung zu lösen, ist die Aufgabe, die nun ansteht. Dazu sollten zuerst einmal die Ergebnisse des 30. Pfades (die Analyse des Unterbewußtseins und das Geburtshoroskop) und die des 28. Pfades (Bewußtmachung und Verarbeitung der "Schlüsselerlebnisse"), die zusammen mit dem 27.
Pfad das psychische Dreieck bilden, herangezogen und eventuelle
Komplexe und Vorurteile durch Erziehung und Kultur abgebaut
werden, sodaß zuerst einmal die Spannung der Einflüsse der beiden Sephiroth in YESOD gelöst wird. (In dem dritten Dreieck
unter dem "Graben", in MALKUTH-YESOD-HOD liegen Sitte, Gebräu-
che, Gewohnheiten und Normen verankert, die zu diesem Zeitpunkt
schon erkannt und gegebenenfalls aufgelöst oder umgeformt worden sein sollten.) Alsdann ist es ratsam, alle Gefühle zu durch-
denken, alle Gedanken zu durchfühlen und sich über Sinn, Zweck,
Nutzen und Aufgabe von Gedanken und Gefühlen und ihre Beziehung
zueinander klarzuwerden. Die endgültige Lösung des Konfliktes
wird möglicherweise erst in TIPHARETH gefunden werden. Tarotkarte: "Der Turm".

7. SEPHIRAH: NETZACH

Über diese Sephirah kann zwar auch nachgedacht werden, aber die
Förderung von Gefühlen, Kunst, Musik und Spontaneität sollte im
Vordergrund stehen. Während das Denken HODs in der Vergangenheit,
im Gewesenen verankert ist, erlebt das Fühlen NETZACHs im Jetzt
und Hier.

Meditationen über: Blumen, Venus, Feuer, Gefühle, Schönheit,
Harmonie, Erotik, Strömen, Hingabe, Extase.

Jede Sephirah hat ihren eigenen Weg, verstanden zu werden.
Bei HOD ist es das Denken, bei NETZACH ist es das Fühlen, bei
YESOD das Wahrnehmen, insbesondere das Träumen, für Malkuth
das "sein", in gewisser Hinsicht auch das handeln (MALKUTH als
letzte Sephirah umfaßt im Grunde genommen alle Erfahrung),
TIPHARETH das Wollen usw. In der Meditation und der Extase
können ab TIPHARETH Bewußtseinszustände auftreten, die über
das normale Wachbewußtsein hinausgehen und für die es aus diesem Grund kaum die richtigen Worte gibt. So kann man in TIPHA-
RETH noch einmal aus dem normalen Wach-sein aufwachen.

Die Zustände und Erlebnisweisen der Formsephiroth (z.B. HOD

- Denken) ähneln sich untereinander und ebenso die der Kraftsephiroth (z.B. NETZACH - Fühlen), aber sie sind alle verschie-
den.

Abbildung 98: Der Lebensbaum des Menschen in NETZACH (Fühlen)
....

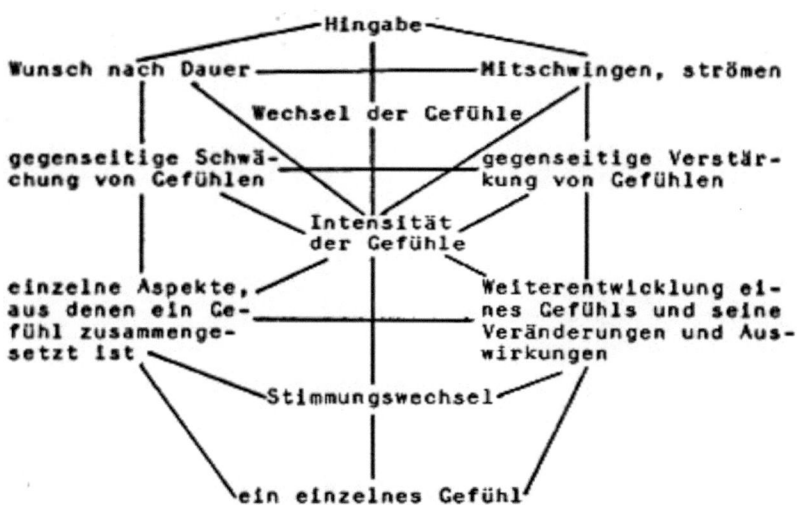

-. PAROKETH

(hebräisch: der Schleier). PAROKETH ist die traditionelle Bezeichnung des "Grabens" unterhalb von TIPHARETH.

Der Weg von YESOD, HOD und NETZACH nach TIPHARETH ist auf
zwei Arten unterteilt; zum einen in die drei Pfade und zum anderen nach dem alchemistischen Grundsatz "solve et coagula"
(auflösen und zusammenfügen) in eine Analyse (von YESOD, HOD
und NETZACH bis PAROKETH) und in eine Synthese (von PAROKETH
bis TIPHARETH).

Es sollte nun eine Analyse der bisherigen Ergebnisse, die
Kenntnis der eigenen Psyche und die Auflösung aller Komplexe
erreicht werden, kurz: die Verarbeitung seines bisherigen Lebens. Eine der wichtigsten Voraussetzungen hierfür ist Ehrlichkeit zu sich selber. Diese Phase wird von Alchimisten "Raben-
kopf" und von den Mystikern "Schwarze Nacht der Seele" genannt,
weil alles zu zerfallen scheint und die überwiegenden Gefühle
Depressionen und Gleichgültigkeit sind. Dies wird dadurch, daß
sich die Psyche gegen die Auflösung der Verkrampfungen, Komplexe

117

und Gewohnheiten wehrt und alle verdrängten Schmerzen und
Enttäuschungen zutage treten, verständlich. Die Stärke der
Depressionen wird so zum Maßstab für den Erfolg. Da sich PA-
ROKETH mit dem Vergangenen beschäftigt, ist er eng mit YESOD,
der Sphäre der Erinnerungen, verwandt. Meditation: Analyse,
Auflösung, Tod, Triebe, Fühlen - Denken, Erinnerungen, der
Graben.

Es werden sich spätestens in dieser Phase seltsame Zufälle
zu ereignen beginnen: wenn man ernsthaft genug gewesen ist,
wird gewissermaßen die Vergangenheit in das eigene Leben zurückkehren und Entschlüsse, Entscheidungen und Verarbeitungen for-
dern.

Der Lebensbaum wird einem zu diesem Zeitpunkt wie eine Philosophie der Macht und Stärke vorkommen, da man unter den Zwängen
steht, die aus dem Druck des "Blitzstrahles" von KETHER nach
MALKUTH und aus der Analyse der Psyche entstehen; es ist der
Zwang, sich selber anzusehen. Ein Symbol PAROKETHs ist daher
auch der Spiegel und das Auge.

In YESOD erschien der Lebensbaum als eine Philosophie der
Urbilder, in HOD als eine Philosophie der Weisheit, in NETZACH
als eine Philosophie der Schönheit, in KETHER als eine Philosophie der Einheit, des Tao usw.

26. PFAD: HOD - TIPHARETH
Spätestens jetzt sollte das Denken um des Denkens willen auf-
hören und die Gedanken einem Ziel untergeordnet werde. Man sollte sich von Denkgewohnheiten, auch von der Kaballa, deren Logik einem mittlerweile genauso geläufig wie die Kausalität geworden sein sollte, lösen und sie nur noch als Werkzeuge zu ge-
brauchen. Es entstehen nun klare, eigene Ansichten und Stellungnahmen, aus den Zwängen des Horoskops sollten Möglichkeiten geworden sein und der Meditierende sollte die Fähigkeit erlangt
haben, nichts zu denken und nichts zu sehen und nichts zu hören und nur nach innen zu lauschen. Der Kerngedanke dieses Pfades ist geistige Selbständigkeit. Astrologische Zuordnung:
Steinbock - Sachlichkeit; Tarotkarte: "Der Teufel".

25. PFAD: YESOD - TIPHARETH

Dieser Weg des feurigen, idealistisch-impulsiven Schützezeichens
stellt die Beziehung zwischen Liebe und Trieben, Willen und Ge-
triebenwerden, Über- und Unterbewußtsein, "Höherem Ich" und
Psyche dar. Daher ist dieser Pfad einer der wichtigsten für den
Mystiker: die Suche nach der eigenen Seele. Den Weg dorthin beschreibt die Geschichte am Ende dieses Buches; sie beginnt auf
dem 32. Pfad und führt über YESOD und den 25. Pfad nach TIPHA-
RETH.

Ab diesem Pfad sollten die Inhalte und Strömungen des Unterbewußtseins verstanden und vom Willen gelenkt werden, was aber
nicht z.B. Triebverdrängung, sondern Formung des Unterbewußtseins nach dem eigenen, innersten Willen bedeutet. Dies wird
freilich erst dann ganz erreicht werden können, wenn man in
TIPHARETH festen Fuß gefaßt hat. Auf diesem Pfad können, wenn
dies nicht schon in YESOD geschehen ist, neue Bewußtseinszustände (zusätzlich zu Wachen, Schlafen und Träumen) erlebt werden
und eine sehr deutliche, wortlose Aufforderung zur völligen
Hingabe, zum Loslassen, sich Fallenlassen vernommen werden,
die von "etwas" außerhalb/innerhalb von einem kommt. Dies "etwas" hat viele Namen: Goldener Bruder, Höheres Ich, Seele, die
alle das TIPHARETH-Zentrum in, oder, genauer gesagt, "oberhalb"
der Psyche des Menschen bezeichnen. Eine bei allen Meditieren-
den (gleich welchen Glaubens oder welcher Philosophie) vorhan-
dene Vision, die diesem Pfad entspricht, ist die Vision der
aufgehenden Sonne (nach der Nacht von PAROKETH). Tarotkarte:
"Mäßigkeit".

24. PFAD: NETZACH - TIPHARETH

Während TIPHARETH von HOD aus durch Abstraktion und YESOD aus
durch Zentrierung erreicht wird, ist der Schlüssel dieses Pfades die Hingabe, während der das Strömen der Freude (NETZACH)
zum Leuchten des Glücks (TIPHARETH) werden kann. Dieser Pfad
ist der Wechsel von Tod und Geburt, die Inkarnation in einem
Körper, die Tarotkarte "Der Tod"; der Tod wird aber nicht als
Ende, sondern als Übergang auf eine andere Ebene (die Seele
"exkarniert" sich beim Tod und kehrt bei der Geburt in einem
neuen Körper zurück) oder in eine neue Form (Leichen vermo-
dern und geben Pflanzen Nahrung). Deshalb ist das Symbol des

Todes (Dunkelheit des Sarges) auch das Symbol der Geburt (Dunkelheit der Gebärmutter).

Es ist gemeinhin selbstverständlich, daß man Gedanken erzeugen, lenken und prüfen kann (TIPHARETH - HOD), aber daß dies auch für Gefühle gilt (TIPHARETH - NETZACH), ist eine für die meisten neue Erfahrung auf diesem Pfad, auf dem diese Fähigkeit erlangt werden soll. Astrologische Entsprechung: Skorpion - Wandlung.

6. SEPHIRAH: TIPHARETH

Die Pfadhälften von PAROKETH bis TIPHARETH sind weitgehend mit TIPHARETH identisch, weshalb hier zu ihnen nur eine kurze Anmerkung angeführt sei: Vor PAROKETH ist der Blick nach TIPHARETH gerichtet, der Standpunkt war erst in MALKUTH und dann in YESOD; alle Fesseln werden gelöst, man steigt mühsam aufwärts und läßt alles hinter sich, während man, wenn man sich zwischen PAROKETH und TIPHARETH befindet, nach YESOD und MALKUTH zurückblickt und zu ordnen beginnt, die Psyche mit dem Licht und dem Leben TIPHARETHs erfüllt. Man wird wie vom Wind seiner bisherigen Anstrengungen aufwärts getragen und die aufgelösten Teile der Psyche werden durch die Kontemplation der Sonne, die Meditation über die Harmonie aller Dinge in TIPHARETH, der Schönheit, wieder zu einem zentrierten Ganzen zusammengefügt. Die "Tugend" PAROKETHs, das "Loslassen des Alten", bezieht sich auch auf ganz konkrete Dinge wie von zuhause auszuziehen (die Lehr- und Wanderjahre in den mittelalterlichen Zünften) und sich selbst seinen Lebensunterhalt verdienen. Die Verwurzelung im Elternhaus (MALKUTH) wird zugunsten der Selbständigkeit (TIPHARETH) aufgegeben.

Für die Psyche stellt TIPHARETH die Quintessenz dar. Es sollte über alle Begriffe des TIPHARETH-Lebensbaumes und insbesondere über die Sonne meditiert werden. Die Gefahr des Egoismus' (Todsünde des Stolzes) ist bei dieser Sephirah des Ichs sehr groß. Egoismus bedeutet in diesem Fall Nichterkennen der Liebe, Abkapselung, weshalb es eine sehr gute Übung ist, sich vorzustellen, man sei eine Sonne, deren Licht und Wärme bis in die Unendlichkeit ausstrahlen.

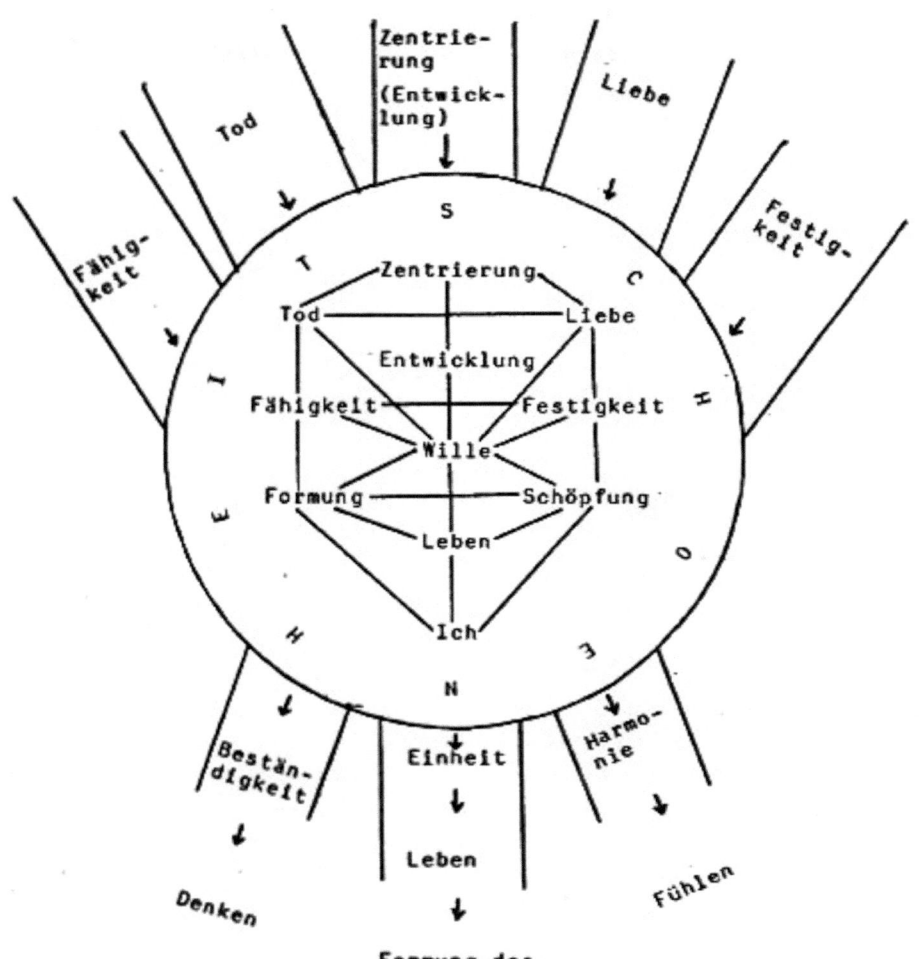

Formung des
Körpers

Mystisch gesehen, ist in TIPHARETH die Essenz und die Aufgabe dieses Lebens enthalten. Nach dem Leiden und der Kreuzigung in PAROKETH kommt nun die Auferstehung. Es ist die Aufgabe dieser Sephirah, selbständig zu werden, zu lieben und
herauszufinden, wer und wie man ist und was man will; es wird

121

Klarheit über sich selbst und Beherrschung und Formung (aber nicht Unterdrückung!) von Körper und Psyche gefordert. Bitte nicht Wille/Ich mit Verstand, und Psyche mit Gefühl/Triebe verwechseln, denn dann wäre man sehr schnell wieder bei dem Konflikt des 27. Pfades. Beim Erreichen von TIPHARETH sollte der Mensch eine Einheit werden. Wer sich gerne an Vorbilder hält, kann Buddha, Jesus, Apollo, Baldur, Osiris, Mithra usw. zum Ideal nehmen, aber man sollte sie schließlich verlassen und "Ich-sein". Man kann das Höhere Ich als den eigenen Anteil an der Sphäre der Urbilder, dem kollektiven Unterbewußtsein, auffassen.

Meditationen: Sonne, Licht, Leben, innere Einheit, Kreuzigung und Auferstehung, Lebenselixier und Alchemistengold, Wachstum, Selbstvertrauen.

23. PFAD: HOD - GEBURAH

Dieser Pfad führt im Gespräch als erster über das Individuum hinaus; er ist die Domäne des Dramas. GEBURAH macht sich hier in heißen Diskussionen bemerkbar. Erst gab NETZACH dem Denken Zusammenhalt; dann erhielt es von TIPHARETH Sinn und Aufgabe und Ziel und nachdem dies alles so harmonisch geworden war, stellt HOD fest, daß die Verwirklichung dieser Ziele gar nicht so einfach ist, wie es sich dies dachte: Es wird geredet, diskutiert, gefleht, geflucht, gebeten und polemisiert, bis man schließlich erkennt, daß jedes Wesen anders ist, seine eigenen Ziele, Probleme, Fähigkeiten, Sprach- und Denkgewohnheiten, Gefühle und Ängste hat, die sich gegenseitig bedingen und eine organische Einheit sind.

Man forscht in Soziologie, Genetik und Astrologie nach dem, was den Charakter eines Menschen bestimmt, um schließlich festzustellen, daß sich die Befürchtung bewahrheitet: man kann andeuten, hinweisen, zu erklären versuchen, aber jeder sieht nur das, was die Worte in ihm an Erinnerungen hervorrufen und nie das, was der andere im Sinn hatte. Es gibt so viele Weltanschauungen und Lebensweisen wie es Menschen gibt und wer will sagen, daß die eigene die einzig wahre ist? Oder daß eine andere für jemanden besser sei als dessen eigene? Astrologische Zuordnung: Wasser, Neptun; Tarotkarte: "Der Hängende".

22. PFAD: TIPHARETH - GEBURAH

Spätestens auf diesem Pfad stellt man fest, daß man von den unteren vier Sephiroth aus TIPHARETH leicht mit KETHER, daß man
Ich mit Gott verwechseln kann, was z.T. durch das Erleben der
Sonnensephirah, der Integration der eigenen Persönlichkeit,
provoziert wurde. Nun sieht man, daß dies Ich nichts Dauerhaf-
tes, Festes ist, es ändert sich ständig durch äußere Impulse,
die über diesen Pfad zu ihm gelangen und entwickelt sich weiter.
Spätestens auf diesem Pfad wendet sich der Blick von innen,
von der Vergangenheit, nach außen, zur Zukunft und man erkennt
die eigene Kleinheit und Vergänglichkeit, sieht die Kräfte
und Notwendigkeiten, die einen formen und zum Handeln zwingen.
Der Graben war die Pubertät; spätestens hier beginnt das Erwach-
sensein.

   Durch diesen Pfad wird das TIPHARETH eines Lebens bestimmt.
Er entspricht aber auch den individualisierenden Einflüssen,
die zusammen mit den integrierenden Einflüssen, die über den
20. Pfad von CHESED kommen, den menschlichen Charakter formen. Astrologische Entsprechung: Waage; Tarotkarte: "Stärke".

5. SEPHIRAH: GEBURAH

Jeder gegen jeden, Krieg, Haß, Kampf, Lachen, Weinen, Triebe,
Selektion, Aggressionen... dies sind die Dinge, die einem hier
begegnen und wenn man nicht gerade eine starke Marsbetonung
in seinem Horoskop hat, dauert es eine Weile, bis man sich hier
akklimatisiert hat. Jede Sephirah hat aber ihre guten und ihre
schlechten Seiten, je nachdem, wie weit die eigene Realitäts-
erkenntnis gediehen ist. GEBURAH gibt die Kraft zur Selbsterhaltung, kann das Leben intensivieren bis zur Extase. Wer
GEBURAH in sich verwirklicht hat, hat die eigene Kleinheit ak-
zeptiert, handelt klarer als zuvor und fürchtet den Tod nicht
mehr. Die Reife dieser Sephirah erkennt man daran, daß die
anfänglich sich abwechselnden Depressionen und Aggressionen
der Weisheit des Kriegers weichen: "Bedenke wohl, was Du willst
und handle dann ohne zu zaudern!"

   Der Mars ist der Bote der Beziehungsschwierigkeiten und da
er selten Kompromisse eingeht, sind diese Beziehungen eher groß
an Zahl und klein an Dauer; auf jeden fall sind sie intensiv -
im Guten und im Schlechten. Die Kunst ist, die Notwendigkeit,

das Gute und Schlechte an diesen Beziehungen zu Menschen, Tieren, Pflanzen, Ländern, Religionen, Anschauungen, Notwendigkeiten zu erkennen.

Die Dynamik GEBURAHs bewirkt nebenbei auch ein besseres Verständnis der Pfade, den Beziehungen zwischen den Sephiroth.

Während in TIPHARETH nur über ein Leben "Gericht gehalten" wird, müssen in GEBURAH alle bisherigen Leben, das gesamte Karma, das im Christentum die Erbsünde genannt wird, verarbeitet werde. GEBURAH ist in dieser Hinsicht eine höhere Analogie von PAROKETH, bei dessen Bearbeitung die Kaballa ja auch als eine Philosophie der Stärke erschien. Da in GEBURAH alle bisherigen Leben "verdaut" werden müssen, dauert die Bearbeitung dieser Sephirah wesentlich länger als die vorherigen, von denen auch wiederum jede etwas weniger Zeit zur Bearbeitung als die auf sie folgende beanspruchte. Es heißt unter Mystikern, daß man, während man in einen Körper inkarniert ist, nur bis GEBURAH kommen kann. Danach hat man alle nötigen Erfahrungen gesammelt und braucht nicht mehr in einen Körper zurückzukehren. Hier in GEBURAH wird auch die Aufgabe, das Schicksal und der Ort/Zeitpunkt der nächsten Geburt (Horoskop) festgelegt.

Meditationen: Karma, Stärke, Mars, Feuer, Funktionalismus, Muskeln, Durchsetzung. In dieser Phase wendet man sich wieder nach außen, MALKUTH zu (beziehungsweise dem einen umgebenden Karma), überprüft, kritisiert und ändert, wenn möglich, die Umwelt. Jede bereits bearbeitete Sephirah gewinnt durch das Erreichen einer weiteren Sephirah auf dem Lebensbaum an neuen Aspekten, Vielfalt, Struktur, Intensität und Reichtum, sodaß z.B. MALKUTH mittlerweile mehr ist als eine bloße Anhäufung von Dingen; man hat gelernt, in ihr die Wirkungen der anderen Sephiroth zu sehen.

Ohne die Einsicht und Einheit von TIPHARETH wäre die GEBURAH-Tugend, die Stärke des Mars, nur eine zerstörerische Kraft.

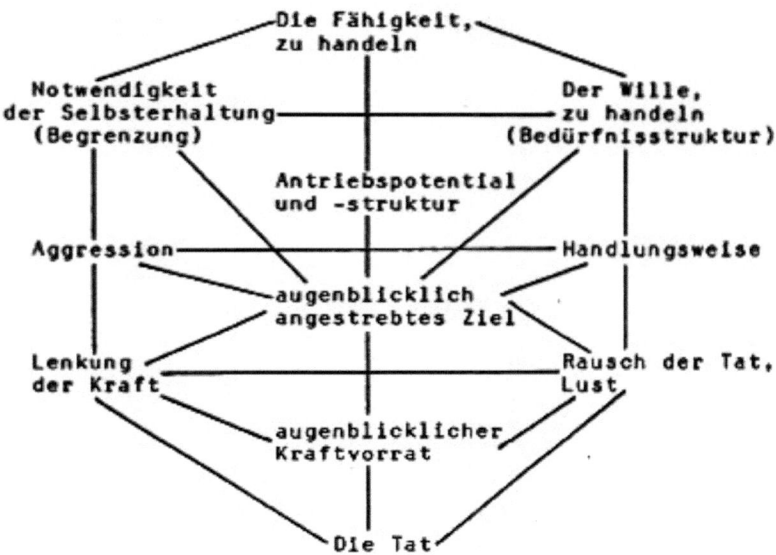

Die Fähigkeit,
zu handeln

Notwendigkeit
der Selbsterhaltung
(Begrenzung)

Der Wille,
zu handeln
(Bedürfnisstruktur)

Antriebspotential
und -struktur

Aggression

Handlungsweise

augenblicklich
angestrebtes Ziel

Lenkung
der Kraft

Rausch der Tat,
Lust

augenblicklicher
Kraftvorrat

Die Tat

21. PFAD: NETZACH - CHESED

Wie der 23. Pfad am besten durch das Drama dargestellt wird,
so entspricht dem 21. Pfad der Roman. Es geht um die Abhängigkeit der Gefühle von den Idealen, um die Festigkeit und die
Entfaltungsmöglichkeiten, die NETZACH durch eine Weltanschauung erhält. So wie sich HOD die allgemeine Verständigung, den
Gedankenaustausch, wünschte, so sehnt sich NETZACH nach Frieden. Merkur mußte erkennen, daß man nur versuchen kann, auf
Erkenntnisse hinzuweisen, ohne sie jedoch wirklich übermitteln
zu können; Venus steht der Schwierigkeit gegenüber, daß zu ge-
meinsamem Handeln mit anderen Kompromisse notwendig sind.

Während das Dreieck HOD-TIPHARETH-GEBURAH den Kampf ums
Überleben darstellte, ist in dem Dreieck NETZACH-TIPHARETH-
CHESED der Wunsch nach Zusammenarbeit zu finden.

Nachdem über den 23. Pfad herausgefunden wurde, woraus die
Umwelt besteht und wie sie funktioniert, wird nun über den 21.
Pfad das Angenehme vom Unangenehmen getrennt und so die erste
Grundlage für die Entfaltung CHESEDs geschaffen. Astrologische
Zuordnung: Jupiter; Tarotkarte: "Das Rad des Lebens".

20. PFAD: TIPHARETH - CHESED

Auf diesem Pfad erkennt man, daß man in eine Kultur und eine
Sprache eingebettet und ein Teil einer Landschaft und einer
Zivilisation ist, mit der man sich identifiziert. Auf dem 22.
Pfad hat man sich allem Äußeren gegenübergestellt gefühlt,
während nun, nachdem NETZACH über den vorigen Pfad diese Erfahrungen in angenehm und unangenehm einteilte, das Ich in einen kooperativen Zusammenhang gestellt wird.

Hier versteht man den Sinn von Gruppen, Zusammenarbeit und
Rücksicht, durch die man eine allgemein sichere Lage in einer
Sippe, einem Staat und einer Kultur erlangt. Kompromisse sind
notwendig, aber auf sich allein gestellt, ohne Sprache, Kultur
und Mitmenschen wäre man noch viel ärmer. Es gilt hier also,
die Kultur zu begreifen, in ihr zu leben und sie gegebenenfalls weiterzuentwickeln.

Die Ideale der Seele sind das Ziel (CHESED) und jedes Leben
ist ein einzelner Schritt dorthin. Die Zerlegung in einzelne
Schritte geschieht durch die Marssephirah. Astrologische Zuordnung: Jungfrau - Vereinzelung; Tarotkarte: "Der Einsiedler".

19. PFAD: GEBURAH - CHESED

Dieser Pfad stellt die Kräfte dar, die innerhalb eines Systems
wirken, ähnlich den Gefühlen bezüglich des Ichs. Am offensicht-
lichsten sind dies revolutionäre, systemändernde Strömungen,
aber zu ihnen gehören auch gesellschaftliche Zwänge, die Weiterentwicklung der Kunst, der Sprache, der Technik, der Wissenschaft, der Philosophie oder des Regierungssystems. Dieser
Pfad stellt GEBURAH die Situationen bereit, in denen um den
höheren Rang, einen Arbeitsplatz oder eine Wohnung gekämpft
wird. CHESED bestimmt die Spielregeln, die Mittel und die Möglichkeiten, die der Mars in seiner Sephirah enthält. Ein anschau-
liches Beispiel hierfür sind die Verhaltensregeln in einem
Hirschrudel, wenn zwei Hirsche um eine Ricke kämpfen. Im all-
gemeinen ist den Beteiligten diese Einordnung in eine Kultur
oder ein System nur zu einem kleinen Teil bewußt, weil man,
wenn man unter bestimmten Bedingungen aufwächst, sich diese
völlig verinnerlicht hat und sich kaum noch etwas anderes vorstellen kann.

Dieser Pfad ist der letzte des Wassertrigons CHESED-GEBURAH-
TIPHARETH, das sich mit der Soziologie befaßt (entsprechend das

Lufttrigon NETZACH-HOD-YESOD mit der Psychologie).

Im mystischen Sinne bedeutet dieser Pfad nach GEBURAH hin
Konkretisierung, Vereinzelung, Konzentration, Energie und in
Richtung CHESED Einordnung und Zusammenarbeit mit anderen See-
len. Astrologische Zuordnung: Löwe; Tarotkarte: "Gerechtigkeit".

4.SEPHIRAH: CHESED

Diese Sephirah ist ein System, das Zusammenwirken und die ge-
genseitige Abhängigkeit seiner Teile. Dies kann eine Familie,
eine Unternehmung, ein Wolfsrudel, ein Wald oder ein See mit
seinen Tieren und Pflanzen oder, wie in dem hier betrachteten
Fall, eine Kultur sein.

So wie GEBURAH die Pfade des Lebensbaumes, also den dynamischen Aspekt, betonte, so zeigt CHESED vor allem die gegensei-
tige Abhängigkeit der Sephiroth voneinander. Der Grundgedanke
ist dabei, daß auf einer bestimmten Ebene genug Material vorhanden sein muß, um die Entfaltung der nächsthöheren Ebene
zu ermöglichen, die dann wiederum die unter ihr liegende nach
den eigenen Erkenntnissen formt. So war eine Mindestgehirnmen-
ge erforderlich, um Denken, Erinnerung und Bewußtsein zu ermöglichen und auch erst nachdem die Sippen in der Jungstein-
zeit so groß wurden, daß Arbeitsteilung und Spezialisierung
möglich wurden, konnten individuelle Begabungen genutzt werden, woraufhin der Fortschritt begann.

Viele einzelne Dinge (MALKUTH) werden zu einem Bild, einer
Erinnerung (YESOD) zusammengefaßt. Durch den Vergleich von Bildern werden Strukturen (HOD) erkannt, deren Vergleich und Synthese zu Gefühlen (NETZACH) führt. Aus mehreren Gefühlen läßt
sich ihr gemeinsamer Ursprung im Ich (TIPHARETH) ableiten. Das
Vorhandensein von mehr als einem Individuum führt zu Beziehungen (GEBURAH) und eine Gruppe von Beziehungen bildet ein System (CHESED).

Die hier zu erwerbenden Eigenschaften und Fähigkeiten sind:
Sinn für Zusammenarbeit, Überblick, Sorge für das Ganze tragen,
Verantwortungssinn, Heiterkeit und die Fähigkeit, zu verstehen,
zu lehren und zum Nutzen des Allgemeinwohls zu leiten. Zu der
Beschäftigung mit den eigenen Systemen zählt hier auch die Re-
ligion. Astrologisch entspricht dieser Sephirah der Planet
Jupiter, der Synthese und Ideale bedeutet.

127

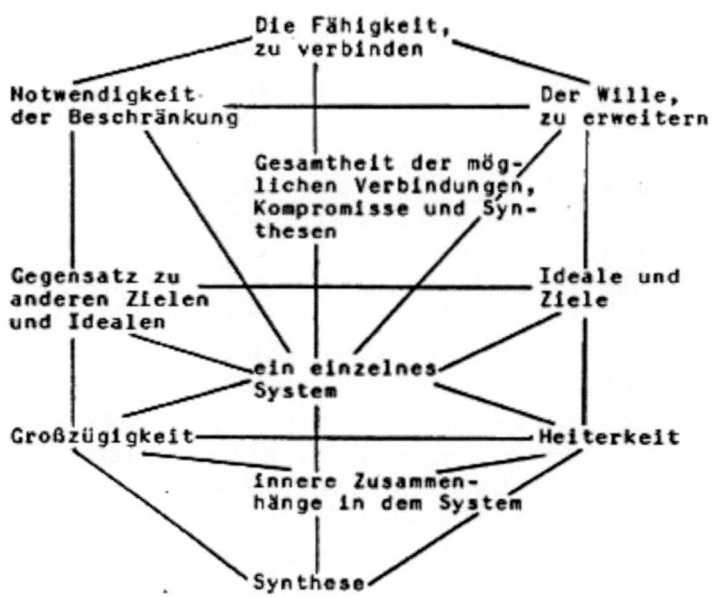

-. SEPHIRAH: DAATH

Dem bei der vorhergehenden Sephirah erläuterten Prinzip folgend, muß DAATH nun der Wandel, die Entwicklung und der Wechsel von Systemen, ihre Beziehungen zueinander und ihre Ursprünge sein. Das Urbild DAATHs ist der Weise auf dem Berg, der die Menschen (CHESED) verlassen hat, um nach den Gesetzen der Welt (BINAH) zu suchen.

YESOD ist das ständige Ebben und Fluten, die Summe der Kräfte; DAATH ist die Vielfalt der Entwicklungsmöglichkeiten der CHOKMAH-BINAH-Spannung. YESOD ist das Unterbewußtsein des Menschen (TIPHARETH); DAATH ist das Unterbewußtsein Gottes (KETHER). Beim "Graben" unterhalb von TIPHARETH mußte man den Ursprung der Psyche (TIPHARETH) finden, indem man seine eigene Vergangenheit verarbeitete; in DAATH muß man die ganze Geschichte der Kultur, in der man lebt, verstehen, um ihren Ursprung in den drei obersten Sephiroth zu finden.

Für dieses Erkennen sind erst lange Reisen, das Erlernen fremder Sprachen, Kontakte zu anderen Kulturen, Religionen,

Denkweisen, Philosophien und Lebensstilen und anschließend eine
Zeit des Nachdenkens in Zurückgezogenheit notwendig. Aus der
Sorge für eine Gruppe wird hier die Sorge fürs Ganze (Beispiele: UNO, Rotes Kreuz, WHO, Umweltschutz). In der ersten Zeit
der Beschäftigung mit DAATH wird man "zwischen allen Stühlen
sitzen", da man versucht, über die anerzogene Kultur hinauszu-
wachsen und diese erst einmal verläßt.

Auf diese Auflösung und das anfängliche Gefühl der Einsamkeit und Verlassenheit bei dieser Sephirah des "Gesetzes der
Wandlungen" weisen seine Namen "Abgrund" und (zweite und größere) "Schwarze Nacht der Seele" hin. Danach ist man der "alte
Weise, der alles versteht".

Jede Sephirah umfaßt die ganze Welt, nur teilt sie jede in
ihre eigenen Einheiten ein und erhält daher verschiedene Ergebnisse. Die Anzahl der Einheiten nimmt von MALKUTH nach KETHER
hin ab (von Vielheit bis Einheit) und der Umfang der Einheiten
nimmt in derselben Richtung zu (von Sandkorn bis Kosmos).

Auch das Verständnis der Kaballa ändert sich von Sephirah
zu Sephirah: MALKUTH: Lernen der Sephirah und Pfade; YESOD:
Auffüllen mit Bildern aus Erinnerungen, Träumen und Mythologie;
HOD: Erkennen der Strukturen, aus "Nachdenken über die Kaballa"
beginnt "kaballistisches Denken" zu werden; NETZACH: Durchfühlen der Sephiroth; TIPHARETH: Verinnerlichen der Sephiroth
und Erkennen ihres inneren Aufbaus und ihrer Dynamik; GEBURAH:
Verstehen der Beziehungen der Sephiroth untereinander (Pfade);
CHESED: Begreifen des Lebensbaumes als Ganzes, als ein System;
DAATH: Erkennen des hinter dem Lebensbaum stehenden Prinzips,
die Erkenntnisse des Lebensbaumes verwenden (und in andere
Systeme übertragen) können, ohne die Struktur, das Bild und
die Begriffe des Lebensbaumes noch zu benötigen.

In der Mystik ist DAATH der Abgrund, der Unterschied zwischen
der Wirklichkeit der Schöpfung und dem Verständnis und den
Idealen der Seele, der nur durch Hingabe überbrückt werden
kann. Meditationen: Nichts, Leere, Gedankenstille. Astrologische Zuordnung: Saturn - der Hüter der Schwelle, hier als
Sephirah; er hat in der Schwelle oberhalb von MALKUTH auf dem
32. Pfad eine kleinere Analogie.

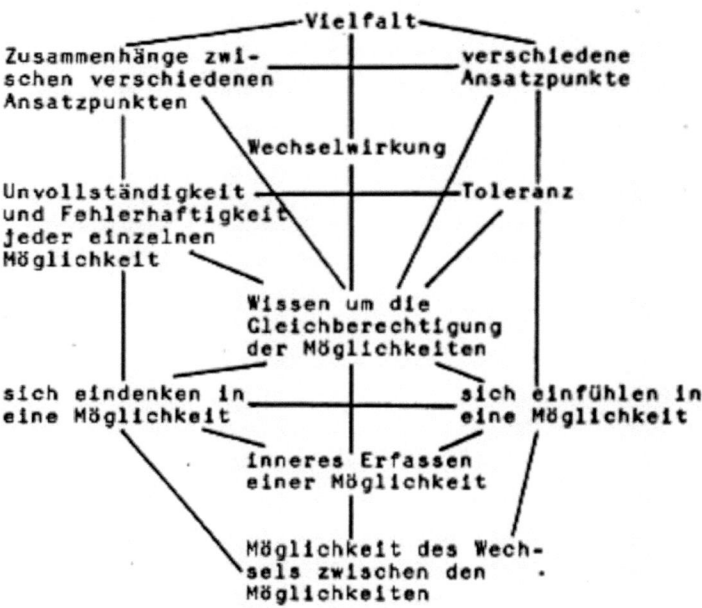

Vielfalt

Zusammenhänge zwi-   verschiedene
schen verschiedenen   Ansatzpunkte
Ansatzpunkten

Wechselwirkung

Unvollständigkeit   Toleranz
und Fehlerhaftigkeit
jeder einzelnen
Möglichkeit

Wissen um die
Gleichberechtigung
der Möglichkeiten

sich eindenken in   sich einfühlen in
eine Möglichkeit   eine Möglichkeit

inneres Erfassen
einer Möglichkeit

Möglichkeit des Wech-
sels zwischen den
Möglichkeiten

18. PFAD: GEBURAH - BINAH

GEBURAH stellt Beziehungen und Aktivitäten des Einzelnen dar
und BINAH ist die Struktur der Welt. Folglich begegnet man auf
dem 18. Pfad der Realität, dem Schicksal und der Tücke des Ob-
jekts, die dem eigenen Handeln Grenzen setzen. Meist wird erst
nach einigen Fortschritten auf dem 17. Pfad und in BINAH, die
einem die innere Übereinstimmung von Ich und Welt klarmachen,
die "Maßregelung" des 18. Pfades und die Einschränkung der Fähigkeit weichen, sich Tatsachen und Naturgesetze zunutze zu
machen. In MALKUTH war jedes Ding für sich allein und bedeute-
te sich alles, in HOD hatte es seine Bedeutung als Teil einer
Struktur, in TIPHARETH wurden sie zentriert, in GEBURAH und
CHESED wurden auch diese TIPHARETH-Zentren in größere Zusammenhänge eingeordnet und mit DAATH und BINAH beginnt das allumfas-
sende Gesetz.

Dieser Pfad kann auch Resignation und das Gefühl der Ohn-
macht der eigenen Kräfte bringen, andererseits aber auch zu
freiwilliger Beschränkung führen aus der Einsicht heraus, die

Gesetze dieser Welt nicht ändern zu können. Danach, wenn man diese Gesetze, diesen Rahmen des Möglichen, zu verstehen beginnt, führt dieser Pfad zu etwas mehr Sicherheit und Dauerhaftigkeit im Handeln.

BINAH lenkt auch die Zerlegung des Weges zum CHESED-Ziel in einzelne Schritte mit. Astrologische Zuordnung: Krebs; Tarotkarte: "Der Siegeswagen".

17. PFAD: TIPHARETH - BINAH

Er legt TIPHARETH Beschränkungen auf wie zum Beispiel eine begrenzte Dauer (Tod) und lenkt das Ich in Richtung "Harmonie mit der Schöpfung", was als Zwang und Schicksal empfunden wird. Ohne den Tod würde man in alten Formen erstarren und es wäre nicht möglich, sich weiter zu entwickeln.

Erst kommt das Auffinden der (Natur-) Gesetze, dann die (widerwillige) Unterwerfung unter sie, die Ausnützung dieser Gesetz und schließlich die Erkenntnis, daß in einem und in der Welt die gleichen Gesetze herrschen. Es beginnt mit der Auflehnung gegen das Schicksal und endet mit der Erkenntnis, daß Ich und Welt, Wille und Schicksal eins sind. Diese Erkenntnis verhindert nicht Schmerz, Leid und Tod, aber diese Einordnung gibt ein Gefühl der Geborgenheit und Verwurzelung in der Welt. Dieser Pfad ist der Weg vom Ich (TIPHARETH) zur Großen Mutter (BINAH) und man wird auf ihm entdecken, daß man mit Blumen und Tieren, Bäumen und Meeren, Sonne und Sternen verwandt ist, daß sie Brüder und Schwestern, Mütter, Väter und Urahnen sind. Astrologische Zuordnung: Zwillinge; Tarotkarte: "Die Liebenden".

3. SEPHIRAH: BINAH

Diese Saturn-(Uranus-)-Sphäre enthält die ersten Formen, die ersten Beziehungen zwischen den Reflektionen KETHERs in CHOKMAH. Hier sind die Kräfte, die die Welt bewegen, zu spüren; daher ist das Leid eine der Eigenschaften BINAHs.

Dieses Leid entsteht, wie bereits beim 17. Pfad erwähnt, aus der Weigerung, die Gesetzmäßigkeiten dieser Welt zu akzeptieren, sich nach ihnen zu richten, sie zu nutzen und sie schließlich in sich selber wiederzufinden. Des weiteren ist BINAH, von KETHER aus gesehen, die erste Sephirah, in denen die Dinge voneinander getrennt sind; es ist die Ebene der Naturgesetze und der Atome.

Die Tugend BINAHs entspricht dem ihr zugeordneten Planeten

Saturn: es ist das Schweigen. Binah bedeutet Verstehen, womit aber nicht der Verstand HODs oder die Vernunft CHESEDs gemeint sind, sondern ein Teilhaben an allen Dingen, ihre Eigenschaften in sich wiederfinden und so hinter ihrem Äußeren dasselbe Innere wie in sich selber wiederfinden können. BINAH ist das Symbol der Mutter, - der leiblichen Mutter, der Mutter Erde, des Meeres, des Himmels und der Sterne. Sie versteht, weil sie schweigt; sie sieht die Tiefe des Meeres unter den Wogen und das, was dort verborgen ist. BINAH ist das Schicksal und Schicksal bedeutet Leid, solange man sich nicht als einen Teil der Welt erkennt. Ihre Gesetze sind einfach und dauerhaft und unausweichlich ist ihr Wirken. Sie ist die erste Sephirah, die die ganze Welt (bzw. den ganzen Bereich des betrachteten Lebensbaumes) umfaßt und DAATH ist das Tor zu ihr.

Abbildung 103: Der Lebensbaum des Menschen in BINAH (Form)

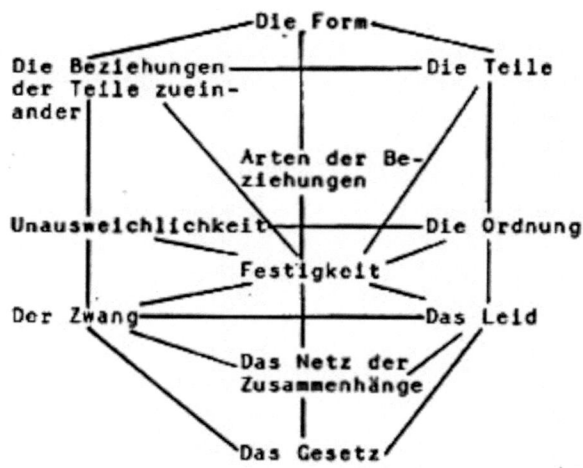

16. PFAD: CHESED - CHOKMAH
In CHOKMAH sind die Aspekte KETHERs, in BINAH der Zusammenhang zwischen diesen Aspekten, in DAATH der Wechsel ihrer Vorherrschaft und in CHESED wird ein Aspekt zu einem System ausgebaut. Auf diesem Pfad lagern sich also um eine Idee, einen KETHER-Aspekt wie um einen Kristallisationskern die Beziehungen und

die Entwicklungen dieser Beziehungen zu den anderen Sephiroth.
Diese Idee ist das Thema, das alle anderen Ideen (KETHER-As-
pekte) als Material benutzt, in dem es sich ausdrückt. In
CHOKMAH ist die treibende Kraft und der Ur-Impuls jedes CHESED-
Gebildes, denn CHOKMAH ist die höchste Kraftsephirah, so wie
BINAH die höchste Formsephirah ist. Die Art der Idee bestimmt
die Eigenschaften des zu ihr gehörigen CHESED-Gebildes.

CHOKMAH sind Richtungen und Entwicklungen, die sich als
System (CHESED) darstellen lassen. So wird z.B., wenn das
Prinzip der Selektion (CHOKMAH) über den 16. Pfad ausgearbei-
tet wird, der Darwinismus und in seinem Gefolge Kolonialismus
und Imperialismus entstehen. Die Tatsache, daß das, was sich
nicht erhält, nicht weiterexistiert, ist an sich weder gut
noch böse, es ist so und es ist auch nicht anders denkbar. Auf
der CHESED-Ebene kann eine Philosophie, eine Ethik oder ein
Gesellschaftssystem, das auf der Erkenntnis dieser Tatsache
aufgebaut wurde, sehr wohl beurteilt werden (gut oder böse).

Astrologische Zuordnung: Stier; Tarotkarte: "Hohepriester".

15. PFAD: TIPHARETH - CHOKMAH

In CHOKMAH sind die "Gottesfunken" versammelt wie die Sterne
im Zodiak, einer CHOKMAH-Analogie, und in TIPHARETH haben sie
sich getrennt, um jeder für sich in aufeinanderfolgenden Leben
Erfahrungen zu sammeln. Sowohl in der CHOKMAH- als auch in der
TIPHARETH-Ebene gibt es eine Versammlung von Individuen, nur
daß sie im ersten Fall verbunden und im zweiten Fall getrennt
sind. Auf diesem Pfad wird die Erkenntnis der Liebe, die Überwindung der Trennung, übermittelt. Sie ist die Kraft, die
TIPHARETH zusammenhält.

Durch BINAH erhält TIPHARETH seine Form und seinen Weg und
durch CHOKMAH die Kraft und den Willen, ihn zu gehen. Der CHOK-
MAH-Gottesfunken ist die Essenz des Individuums (TIPHARETH).
Dieser Pfad hat, wie alle anderen auch, bei dem Anfangs- und End-
sephirah nicht unmittelbar aufeinander folgen, Ähnlichkeit mit
der Folge der zwischen ihnen liegenden Sephiroth, also hier (CHOK-
mah) - BINAH - DAATH - CHESED - GEBURAH - (TIPHARETH). Je "länger" ein Pfad ist, desto vielschichtiger ist er auch, und desto
schwieriger ist er zu begehen.

Dieser Pfad gibt nicht nur, wie der 17. Pfad, Halt und Geborgenheit, sondern auch Freude am Leben. Damit ist nicht die Freude

über einen Lottogewinn, sondern eine Art extatisches Bewußtsein der eigenen Existens gemeint. Astrologische Zuordnung: Widder; Tarotkarte: "Der Herrscher".

14. PFAD: BINAH - CHOKMAH

Er stellt die Spannung zwischen männlich und weiblich, aktiv und passiv, Feuer und Wasser, Kraft und Form dar und ist zugleich der Pfad der Erlösung durch Liebe. Er enthält die Kraft, die "die Welt im Innersten zusammenhält" (Goethe: Faust I).

CHOKMAH besteht aus KETHER-Aspekten, die über diesen Pfad hin nach BINAH miteinander in Beziehung treten, wodurch dieser Pfad das erste Erscheinen von Kräften (gegenseitiges Aufeinanderwirken) darstellt, die sich weiter unten auf dem Lebensbaum als Gravitation, elektromagnetische Anziehung, Liebe, Triebe usw. zeigen.

In BINAH erkennt man sich noch durch seine Beziehungen, während man sich auf diesem Pfad loslöst und sich selber und seinen Ursprung zu sehen beginnt. Dies wird durch die Kontemplation und Versenkung BINAHs bewirkt. Diese Auflösung der Form und diese Aufgabe des Beziehungsgefüges zugunsten der einen Beziehung zu seinem Ursprung machen diesen Pfad zu einem Pfad der Erlösung. Astrologische Zuordnung: Venus - Planet der Liebenden; Tarotkarte: "Die Herrscherin".

2. SEPHIRAH: CHOKMAH

Hier sind die Reflektionen, die Spiegelbilder KETHERs (Gott), der Anfang der Schöpfung; sie reflektiert alle Teile Gottes, aber da sie vereinzelt sind, sind sie nicht selber Gott und müssen sich die fehlenden "Informationen" erst durch die Evolution und das Kennenlernen der Schöpfung beschaffen. Dieser Zustand wird gut durch den Planeten Neptun, den "Grenzauflösenden", dargestellt. Hier ist die erste Erscheinung des Menschen als Einzelwesen auf dem Lebensbaum, hier noch als einfacher "Gottesfunke" (Gott schuf den Menschen nach seinem Ebenbilde.), zu finden.

CHOKMAH ist die oberste Sephirah der Kräfte; sie besteht aus Richtungen, Entwicklungslinien und Impulsen, was am besten durch den Lebensbaum der Vektortheorie, wo diese Sephirah die Achsen des Koordinatensystems darstellt, veranschaulicht wird.

Wenn man in der Physik nach der Analogie der "(CHOKMAH-)

Vision Gottes von Angesicht zu Angesicht" sucht, findet man in
der Kernphysik die "Bootstrap-Theorie", die besagt, daß ein
physikalisches System widerspruchsfrei alle Erscheinungen erklären kann (und deshalb sehr nützlich ist), aber keinen ersten
Prozeß beschreibt oder finden und darstellen kann. Sie ist eine
Beschreibung, nie die Sache selber; sie ist ein mögliches Spie-
gelbild dieser Sache.

Man kann über eine Sache nur dann etwas aussagen, wenn sie
nicht die einzige existierende Sache (KETHER) ist oder nur das
Betrachtete und der Betrachter vorhanden sind (CHOKMAH). Es
muß noch etwas Drittes vorhanden sein, zu dem der Betrachter
das Betrachtete in Beziehung setzen kann (BINAH).

CHOKMAH ist die Sephirah der Extase: ganz an sich selbst
verloren, existieren nur die eigenen Eigenschaften; ein Feuer-
tanz; oberste Kraftsephirah; keine Begrenzung außer sich selbst/
dem eigenen Ursprung; ein Lichtstrahl auf seinem Weg in die Unendlichkeit, in der nichts seinen Weg hemmt, bis er sich darstellen will und zu anderen Strahlen Kontakt aufnimmt (14. Pfad);
der Augenblick nach dem Urknall.

Abbildung 104: Der Lebensbaum des Menschen in CHOKMAH (Lichtstrahl)

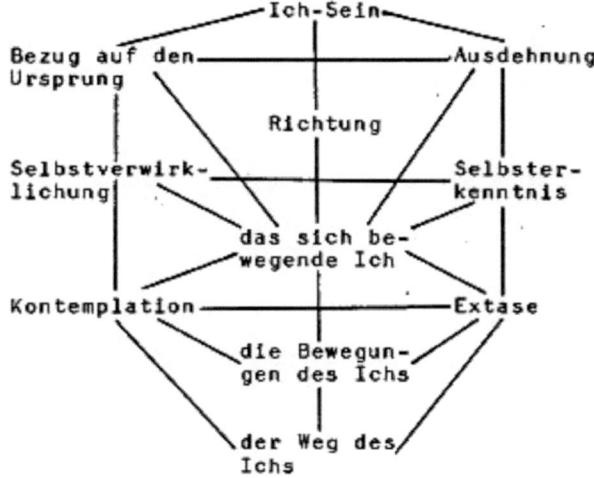

13. PFAD: TIPHARETH - KETHER

Dies ist der oberste Pfad der Mittleren Säule, der Säule des
Bewußtseins. Er ist der längste der auf dem Lebensbaum einge-
tragenen Pfade (es sind nur 22 abgebildet, obwohl jede Sephirah mit jeder in Beziehung steht: 55 Pfade). Er stellt die Beziehung des Individuums zum Ganzen, des Menschen zu Gott dar.
Die Größe des Abstandes zwischen beiden, die Abhängigkeit des
ersten vom zweiten, sowie die Kleinheit des Menschen wird am
anschaulichsten durch den Lebensbaum der Vektortheorie (s.S.
57), auf dem dieser Pfad zusammen mit dem 15. und dem 17. die
Relativitätstheorie darstellt.

Dieser Pfad kreuzt die Sephirah DAATH und stellt somit die
Auflösung des Menschen in Gott, die "(zweite) schwarze Nacht
des Mystikers" dar. Er zeigt, wie jedes Individuum notwendiger-
weise aus KETHER entstanden ist und in der ersten Sephirah ver-
wurzelt ist. Als direkter Weg zu KETHER erfordert er die völ-
lige Hingabe an Gott, an den Ursprung, an das Sein oder welchen
Namen man KETHER geben will. Dieser Weg ist die Erkenntnis, daß
jedes Individuum ein Aspekt der Einheit (des Seins) ist. Astrologische Zuordnung: Mond; Tarotkarte: "Die Hohepriesterin".

12. PFAD: BINAH - KETHER

Dies ist der "koordinierende Pfad", er zeigt, daß die Gesetze
BINAHs ein Bild der Einheit, eine Beschreibung des Existieren-
den (KETHER) sind. Die Art und Weise, wie die KETHER-Aspekte
(CHOKMAH) miteinander in Beziehung treten, werden durch ihre
Eigenschaften, die in KETHER wurzeln, festgelegt. Auf dem 11.
Pfad wird die Einheit KETHERs in Aspekte zerlegt, über den 14.
Pfad treten die Aspekte miteinander in Beziehung und durch den
12. Pfad wird die Art und Weise ihres Beziehungsgefüges bestimmt.

Form, Trennung und Leid beruhen auf der Dreiheit Betrachter -
Betrachtung - Betrachtetes (BINAH). Durch Verinnerlichung der
Formen und durch Schweigen löst sich die Trennung auf, das Leid
endet und man ist Einheit. Man kann die Einheit, das Sein, nur
sein, aber nicht erkennen (BINAH) oder betrachten (CHOKMAH),
denn dazu sind noch immer drei bzw. zwei Dinge nötig. Das Sein
kann nur sein und sonst nichts. Astrologische Zuordnung: Merkur; Tarotkarte: "Der Magier".

11. PFAD: CHOKMAH - KETHER

Dieser Pfad ist die Zerlegung des Einen in Aspekte und die Rückführung eines Aspektes auf das Ganze. Hier schwindet in der Extase und in der Kontemplation der Unterschied zwischen Betrachter und Betrachtetem, zwischen Gottesfunken und Gott, zwischen dem Feuer und den Flammen des Feuers.

Es ist der Pfad der ersten Schöpfung und der letzten Zerstörung; er ist die weiteste Entfernung zwischen zwei aufeinanderfolgenden Sephiroth.

Auf diesem Pfad verliert man das Innere der anderen KETHER-Aspekte auf dem Weg nach MALKUTH aus den Augen und auf dem Weg nach KETHER erkennt man sie wieder, aber nicht im Sinne eines In-Beziehung-setzens, sondern durch die Tatsache, daß alle Aspekte in KETHER eins sind.

Man könnte diesen Pfad als letzte und größte Schwelle auf dem Lebensbaum bezeichnen. Astrologische Zuordnung: Uranus, Luft; Tarotkarte: "Der Narr".

1. SEPHIRAH: KETHER

In MALKUTH sind einzelne Gegenstände und Vorgänge. Wenn man diese immer weiter zusammenfaßt (ein bestimmter Hund - Hunde - Säugetiere - Landlebewesen - Tiere - Dinge), kommt man zur letzten, alles umfassenden Abstraktion, dem Sein, KETHER. KETHER ist eine Einheit, allumfassend und daher einzig; sie liegt jenseits der Beschreibungen der Physik, jenseits der Vielheit. Sie ist, wie man sieht, Gott.

KETHER ist die Einheit, aber auch die Vielfalt MALKUTHs existiert (man braucht sich nur einmal umzuschauen); sie sind beide gleich real. Die zehnte Sephirah ist die notwendige Folge und die Darstellung der ersten. Man kann eine Blume einzeln sehen, aber sie ist "Teil" des Seins. KETHER ist MALKUTH und MALKUTH ist KETHER.

Eine bestimmte Person ist für den Stein neben ihr MALKUTH, für ihren Gesprächspartner HOD, für einen General ein GEBURAH-Faktor und für das Sein KETHER: jedes Ding ist jede Sephirah; wie es sich selber sieht, ist eine Frage des Bewußtseins.

Gott ist der einzige, Alles, Eine, der Anfang, die Gegenwart und das Ende. Er ist MALKUTH und KETHER, es gibt nichts zweites außer ihm: Gott ist frei, denn wer wollte ihn an etwas hindern? Da Gott die Welt schuf und wir ein Teil der Welt sind, ist un-

137

ser Ursprung Gott und zu unserer Existens haben wir uns auf
dem 11. Pfad frei entschieden; die einzig wirkliche Freiheit:
der Entschluß, zu existieren. KETHER ist der "Punkt, von dem
aus man in jede Richtung gehen kann". Der Weg von KETHER nach
MALKUTH ist der Weg der Wahl und der Weg von Malkuth nach KE-
THER ist der Weg der Vereinigung.

Der Physiker sagt, Bewußtsein sei ein Aspekt der Materie;
der Philosoph sagt, Materie sei ein Aspekt des Bewußtseins.
Dies ist der letzte Gegensatz, der auf dem Weg nach KETHER
aufgehoben wird: der Gegensatz von Ich (Bewußtsein) und dem
Anderen (Materie).

KETHER, Sein, Gott, Alles, Einziges, das Eine, das Absolute,
das Ewige, das Unendliche, das Primum Mobile (Erste Ursache);
das, was ohne Wandel ist, aber die Vielfalt hervorbringt.

Abbildung 105: Der Lebensbaum des Menschen in KETHER (Sein)
••

(Wenn einem Übersichtstafeln beim Verständnis helfen, ist es
naheliegend, sich auf einem großem Blatt Papier diese 11 Lebensbäume des Menschen und die sie verbindenden Pfade aufzu-
zeichnen.)

-. AIN / AIN SOPH / AIN SOPH AUR
Dies ist das Nichts, das Unmanifestierte, das Nirvana, die Möglichkeit, das Nicht-Existierende.

- ------- -

Anmerkung:
****

Es gibt natürliche Phasen im Leben, die, unabhängig von der Beschäftigung mit Astrologie und Kaballa, den Planeten und Sephiroth entsprechen:

(Alter in Jahren)

0 - 1 (Mond, MALKUTH): Ausbildung fester Ganglien im Gehirn,
                       Säugling

1 - 2 (Merkur, MALKUTH): laufen und sprechen lernen

2 - 3 (Venus, MALKUTH): kindliche Zärtlichkeit, Spiele mit anderen

3 - 4 (Sonne, MALKUTH): Trotzalter

4 - 5 (Mars, MALKUTH): Unternehmungsgeist

5 - 6 (Jupiter, MALKUTH): sich einordnen

6 - 7 (Saturn, MALKUTH): erstes Lernen und Arbeiten

7 - 14 (Mond, YESOD): Eindrücke sammeln

14 - 21 (Merkur, HOD): Pubertät, erste Analysen und Stellungnahmen

21 - 28 (Venus, NETZACH): Aufsuchen angenehmer Umstände

28 - 35 (Sonne, TIPHARETH): Selbstfindung, Grundlagen schaffen

35 - 42 (Mars, GEBURAH): Verwirklichung

42 - 49 (Jupiter, CHESED): Reife, Ernte

49 - 56 (Saturn, DAATH): Überprüfung, Abschluß

56 - 63 (Mond/Uranus, -): Alte werden zu Kindern

63 - 70 (Merkur/Neptun, -): Reisen, Hobbys

70 - 77 (Venus/Pluto, -): späte Liebschaften

77 - 84 (Sonne, -): "Letzte Worte", Weisheit

IV Anhang

27. Verse, Sprüche und Zitate zum Lebensbaum
==

(Die meisten Sprichwörter passen besser auf Planeten oder Tierkreiszeichen, da sie wie diese den menschlichen Charakter beschreiben.)

1. Pfad, KETHER
****

Ich bin das Alpha und das Omega, der Anfang und das Ende. (Bibel)

Am Anfang war das Wort,   (Den zweiten Vers könnte man
und das Wort war bei Gott,   auch CHOKMAH und den dritten
und Gott war das Wort. (Bibel)   BINAH zuordnen.)

139

Das Sein ist das Es, bezogen auf sich selbst. (Eliphas Levi)

KETHER ist der Kreis, dessen Mitte überall und dessen Umfang nirgends liegt. (Eliphas Levi)

2. Pfad, CHOKMAH
Jeder Mann und jede Frau ist ein Stern. (Aleister Crowley)

3. Pfad, BINAH
Stille Wasser gründen tief.

-. Pfad, DAATH
Wir sind nichts, was wir suchen, ist alles. (Hölderlin; der Satz paßt auch auf PAROKETH)

Mein Körper ist ein Stein im Gebirge
Meine Gefühle sind ein Tropfen im Meer
Mein Geist ist ein Windhauch im Sturm
Meine Seele ist eine Flamme in der Sonne
Alles ist Licht
Ich bin eine Form

4. Pfad, CHESED
Ideale sind der Halt der Seele.

5. Pfad, GEBURAH
Am Anfang war die Tat. (Thomas Ring: Der Widder)

Was dich nicht tötet, macht dich stärker. (Heinzi ben Büschisch)

"Du bist also Vegetarier?" - "Natürlich! Ich gehöre doch nicht zu den Barbaren, die Gottes Kreatur töten und fressen!" - "Du glaubst also an Gott?" - "Ja, warum?" - "Da du sicher das Gesetz des Fressens und Gefressenwerdens kennst, das in dieser von Gott erschaffenen Welt herrscht, hälst du dich mit deinem Vegetariertum also für etwas Besseres als Gott und schilst ihn einen Mörder?"

6. Pfad, TIPHARETH
Liebe deinen Nächsten wie dich selbst! (Bibel; der Spruch paßt auch auf den 14. Pfad und auf BINAH.)

7. Pfad, NETZACH

Wenn man Gefühle festhält, laufen sie fort.
Wer ein Gefühl einsperrt, sperrt alle ein.

8. Pfad, HOD

Wenn du denkst, daß du denkst,
dann denkst du nur, daß du denkst,
denn das Denken der Gedanken
ist gedankenloses Denken.

9. Pfad, YESOD

Der Vorteil des Blockunterrichtes ist es, daß man Zeit für's
Verdauen hat. (zeimlich frei nach Rudolf Steiner)

Blut ist ein ganz besonderer Saft. (Goethe, Faust I)

Den seinen gibt's der Herr im Schlafe. (nach der Bibel)

Der Bilder trügerischer Schein.

10. Pfad, MALKUTH

Sein Haus auf Felsen bauen. (nach der Bibel)

Gut differenziert ist halb verstanden.

11. Pfad, KETHER-CHOKMAH

Selbstbetrachtung war die Zeugung der Schöpfung (KETHER-CHOKMAH),
Selbsterkenntnis ihre Geburt (KETHER-BINAH).

12. Pfad, KETHER-BINAH

Gott war Gott (KETHER),
Gott sah sich (KETHER-CHOKMAH),
Gott schuf ein Bild von sich (KETHER-BINAH),
Seine Betrachtung (CHOKMAH) wurde Schöpfung (BINAH) (CHOKMAH-BINAH).

13. Pfad, KETHER-TIPHARETH

Der Anfang ist die Mitte;
Die Essenz ist die Möglichkeit des Ursprungs;
Die Entwicklung ist die Konkretisierung des Ersten.

14. Pfad, CHOKMAH-BINAH

"... das, was die Welt im Innersten zusammenhält." (Goethe, Faust I)

Es gibt zwei Wege, alles Leid zu enden: die lange Liebe und
den schnellen Tod. (Friedrich Nietzsche)

15. Pfad, CHOKMAH-TIPHARETH

Einer, der auszog, die Welt zu ergründen.

16. Pfad, CHOKMAH-CHESED

Ideale ohne Weisheit (CHOKMAH-CHESED) sind wie Stärke ohne Verständnis (BINAH-GEBURAH); das erste führt zu Gefangenschaft,
das zweite zu Zerstörung.

17. Pfad, BINAH-TIPHARETH

Des Lebens Woge schäumte nicht so schön empor, stünde ihm nicht
der stumme Schicksalsfels entgegen. (Hölderlin)

18. Pfad, BINAH-GEBURAH

Kraft ohne Konzentration führt zu Schwächung, nicht zu Erfolg.

19. Pfad, CHESED-GEBURAH

Wo gehobelt wird, fallen Späne.

20. Pfad, CHESED-TIPHARETH

Die Ansicht über Freiheit ist die Zusammenfassung der Ideale.

21. Pfad, CHESED-NETZACH

Jeder ist seines Glückes Schmied.

22. Pfad, GEBURAH-TIPHARETH

Tu, was du willst, sei das ganze Gesetz. (Aleister Crowley)

23. Pfad, GEBURAH-HOD

Es lebe die Kritik! (frei nach Axel)
Aber vergiß nicht, die Kritik zu kritisieren! (Ratschlag dazu)

24. Pfad, TIPHARETH-NETZACH

Man ist einsam, aber zwei Einsame können in ihrer Einsamkeit bei-
sammen sein. (Elena; der Satz gilt auch für den 25. und 26. Pfad)

142

25. Pfad, TIPHARETH-YESOD

Man wird, was man zu sein glaubt (HOD-YESOD);
Man ist, was man fühlte (NETZACH-YESOD);
Man wird sein, was man war (TIPHARETH-YESOD).

Verlasse die Nacht und suche den Tag! (Aus einem Ritual der Golden Dawn, in dem noch viele weitere Sprüche zu diesem Pfad zu finden sind.)

26. Pfad, TIPHARETH-HOD

Endlich und doch grenzenlos,
Anfang und Ende sind gleich;
Entsprungen des Geheimnis' Schoß,
Es ist an Rätseln reich;
Es ist deine Frage,
Deine Klage!
Wer kennt die Antwort, wer?
Es ist ohne Anfang und Ende;
Ein Weiser der Weisen wäre der,
Der den Weg aus ihm fände.

Wo ein Wille ist, ist auch ein Weg.

Wenn nicht mehr Zahlen und Figuren
Sind Schlüssel aller Kreaturen,
Wenn die, so singen oder küssen,
Mehr als die Tiefgelehrten wissen,
Wenn sich die Welt ins freie Leben
Und in die Welt wird zurückbegeben,
Wenn dann sich wieder Licht und Schatten
Zu echter Klarheit werden gatten
Und man in Märchen und Gedichten
Erkennt die wahren Weltgeschichten,
Dann fliegt vor einem geheimen Wort
Das ganze falsche Wesen fort.   (Novalis; das Gedicht gilt auch
                                   z.T. für den 27. Pfad.)

143

27. Pfad, NETZACH-HOD

Gedanken können Gefühle nur lenken und schwächen, aber keine erschaffen.

Was nützt es, die Geheimnisse dieser Welt zu ergründen, wenn man dabei das Glück nicht findet?

28. Pfad, NETZACH-YESOD

Gefühle (NETZACH) sind in einem, nicht außerhalb; deshalb führen Personenfixierungen (NETZACH-YESOD) zu Leid, das erst durch das Akzeptieren der inneren Einsamkeit bewältigt werden kann (TIPHARETH). (Elena)

29.Pfad, NETZACH-MALKUTH

Wie eine Blume, die sich zwischen Erdbrocken und Steinen als keimender Same den Weg zum Licht sucht, so gehen auch die Gefühle den Weg des geringsten Widerstandes. (Elena)

30. Pfad, HOD-YESOD

Orphische Urworte

Wie an dem Tag, der dich der Welt verliehen,
Die Sonne stand zum Gruße der Planeten,
Bist alsobald und fort und fort gediehen,
Nach dem Gesetz, wonach du angetreten.
So mußt du sein, dir kannst du nicht entfliehen,
So sagten schon Sybillen, so Propheten;
Und keine Zeit und keine Macht zerstückelt
Geprägte Form, die lebend sich entwickelt.

(Johann Wolfgang Goethe)

Die Gretchenfrage: Soll ich oder soll ich nicht? (Goethe, Faust I)

31. Pfad, HOD-MALKUTH

Es lebe der Fortschritt! (Wahlspruch der Marktwirtschaft)

32. Pfad, YESOD-MALKUTH

Das Wasser besiegt den Stein,
Das Weiche das Harte.   (Lao-Tse, Tao-te-king)

Man kann das Leben als eine Folge von Zufällen auffassen.

(Mechthild)

Alchemie ist angewandter Pantheismus.

Das kaballistische Kreuz

Denn dein (KETHER)

ist das Reich (MALKUTH) } senkrechter Balken

und die Kraft (GEBURAH) } waagerechter Balken

und die Herrlichkeit (CHESED) }

in Ewigkeit, Amen. (DAATH)   —   Mitte

Die Schlange der Weisheit

"AUM."

Die Mittlere Säule

Aus der Tiefe dumpf,   aus dem unt'ren Rumpf;
Durch die heil'ge Silbe Om,   Od, komm, strahle, komm;
Kundaliniflammenstrahl,   fahre auf zum Asensaal;
Steig empor vom See des Lebens,   auf zum Licht des Ew'gen Wesens;
Ziehe gleich dem Blitz,   hin zu Kethers Sitz!

Grundsatz der Analogie

Wie oben, so unten. (Tabula Smaragdina des Hermes Trismegistos)

PAROKETH

Bewegung ist Leben, Starre ist Tod.

Der Drache des Geheimnisses

Abbildung 106:

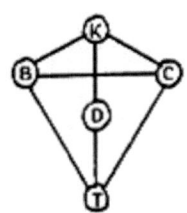

Ich bin der Drache des Geheimnisses;
Ich bin die Einheit von Raum und Zeit;
Ich bin der Seele Sehnen nach dem Schöpfer;
Ich bin das Geheimnis von Weib und Mann;
    Wer kennt meinen Namen?
    Wer kennt meinen Ursprung?
    Wer kennt mein Geheimnis?
Sprich - ich werde weichen.

(Das Tor, das dieser "Drache" bewacht, steht in DAATH; der "Drache ist die geometrische Figur, die durch KETHER-CHOKMAH-TIPHARETH-
BINAH-KETHER gebildet wird und auch in der Geometrie Drache ge-

nannt wird).

Der Blitzstrahl und die Schlange der Weisheit
....

Schöpfung

Er verließ das Geheimnis, um Weisheit zu finden;
Er sah die ewige Ruhe:
    Alle Bewegung ist nur Form,
    Alles Leid ein dunk'lerer Ton,
    Alles Glück eine hellere Farbe im ewigen Bild.
Er fand die Sonne dieser Welt:
    Wurde Magier,
    Künstler,
    Liebender,
       Versank in der Schönheit seligem Schein.
Er wurde ein Teil Gottes,
Sah, wie aus dem unendlich großen Punkt
Der Geist hemiederströmend sich in Vielheit teilt
Und dicht're Formen um sich hüllt:
    Denken,
    Fühlen,
    Leben,
    Sein.
      Bis das zuletzt des Menschen Auge
      Den Ursprung dieses Bildes kaum noch ahnt
      Und von Geheimnis angelockt
      Himmelwärts zum Ursprung strebt...

- ------- -

Die folgende Geschichte ist eine Beschreibung des Weges von MAL-
KUTH nach TIPHARETH.

Du bist ruhig und entspannt. Du hörst nur meine Stimme. Alle
Gedanken, alle Gefühle, alle Bilder, strömen in dieses Pendel
und werden ruhig und gleichmäßig wie seine Bewegung. Die Schwere der Erde füllt deine Glieder. Deine Beine werden schwerer
und schwerer, immer schwerer, ganz schwer. Dein Leib wird schwe-
rer und schwerer, immer schwerer, ganz schwer. Deine Arme werden schwerer und schwerer, immer schwerer, ganz schwer. Dein
Körper wird schwer, immer schwerer, ganz schwer und angenehm
warm. Dein Kopf wird schwerer und schwerer, immer schwerer,
ganz schwer. Deine Augenlider werden schwerer und schwerer, immer schwerer, ganz schwer, denn du bist müde, ganz müde; du
hast seit Tagen kaum geschlafen. Deine Augenlider fallen zu;
sie sind schwer wie Erde, schwer wie Blei, schwer wie der tiefe Schlaf. Du sinkst immer tiefer in angenehmes Dunkel, in tiefe Stille. Dein Schlaf wird schwerer und schwerer. Dein Schlaf
wird fester und fester. Dein Schlaf wird tiefer und tiefer.
Ich werde jetzt bis sieben zählen und bei jeder Zahl wirst du
tiefer und fester schlafen. Eins ... Zwei ... Drei ... Vier ...
Fünf ... Sechs ... Sieben. Du schläfst jetzt tief und fest.
  Vor dir im Halbdunkel siehst du einen Weg, der in die Tiefe
hinabführt. Du gehst ihn entlang und erreichst nach einiger
Zeit ein altes, steinernes Tor, aber als du hindurchgehen willst,
hast du das Gefühl, gegen einen großen Strom ankämpfen zu müssen. Doch schließlich gelingt es dir, die Wellen zu überwinden
und das Tor zu durchschreiten. Du siehst, daß ein Pfad weiter in
die Tiefe hinabführt und du folgst seinem Lauf. Links und rechts
siehst Du Schatten von Felsen in der immer finsterer werdenden
Nacht. Nach einiger Zeit gelangst du an ein zweites, uraltes
Tor, aber als du hindurchgehen willst, spürst du eine Sperre
aus Hitze und Flammen. Aber du versuchst wieder und wieder hindurchzukommen und schließlich hast du das Feuer überwunden.
Der Pfad ist nun noch schmaler geworden und führt noch tiefer
hinab. Du kannst kaum noch etwas sehen. Bald tauchen links neben
dir endlose Abgründe auf. Tiefer und tiefer führt der Weg. Um
dich her huschen und schweben leuchtende Schatten, aber du gehst
immer weiter, immer weiter in das Dunkel hinab. Endlich siehst
du das dritte Tor vor dir und du weißt, daß es das letzte ist.
Es ist alt, uralt, alt wie die Zeit. Als du hindurchschreiten
willst, spürst du einen Widerstand, eine Sperre aus schwarzem

Licht. Du kämpfst gegen Es an, du läufst gegen Es an, dein Wille kämpft gegen seinen. Du fühlst dich blutig und zerschunden, aber schließlich gelingt es dir mit letzter Kraft hindurchzukommen und du siehst gerade noch das strahlende, weiße Licht um dich her, bevor du erschöpft niederfällst.

Doch du erholst dich bald, denn dies Licht heilt alle Wunden. Du richtest dich auf und blickst um dich. Hoch über dir leuchtet der Mond.

Um mich her ist Licht, wohin ich auch gehe. Ich sehe leuchtende Punkte und funkelnde Strahlen und ich gehe weiter in das Licht hinein. Es tauchen Bilder auf, Kristalle, Blüten, Seen, ein Schloß, schemenhafte Gesichter und Bilder aus Feuer oder Wasser, flammend und kreisrund, wie die Kreise eines Steines, den man ins Wasser warf. Dann beginnt eines der Bilder klarer zu werden und ich trete in das Bild.

Es weht ein sanfter Wind, das Licht ist mild, vor mir liegt eine Wiese und ein kleiner See, umgeben von Birken und Trauerweiden. Ich kann bis auf den Grund des Sees blicken, auf dem ein paar Seerosen schwimmen. Auf einmal erblicke ich eine Gestalt wie aus leuchtendem Nebel, wie eine Fee, die am Ufer sitzt. Ich will wieder leise davongehen, doch sie blickt zu mir herüber und winkt mir freundlich zu. Ich gehe zu ihr, setze mich neben sie und blicke verlegen auf den See hinaus. Da nimmt sie zärtlich meine Hand und ich wende mich zu ihr und sie blickt mir still in die Augen. Ich versinke in ihrem Blick und ich fühle ihr Inneres und ich fühle ihren Blick in mir und es beginnt sich etwas in mir zu lösen, zu strömen, es beginnt sich alles in mir aufzulösen. Und je länger ihr sanfter Blick meine Seele liebkost, desto deutlicher spüre ich, wie auch ich zu leuchten beginne, erst schwach, doch dann immer stärker und ein ungekanntes Glück durchströmt mich. Sie legt ihren Arm um mich und gibt mir einen zärtlichen Kuß. Dann beginnt sie zu erzählen. Sie spricht nicht; ich fühle und sehe die Bilder in ihr. Sie erzählt mir, daß auch sie einst in dem Land hinter den drei Toren lebte, sie erzählt von einer langen Reise und einem Feuerkreis, dem Tempel der Wandlungen und von vielen anderen Dingen. Dann nahm sie mich bei der Hand und wir gingen an einem Bach entlang und ich spürte, wie alles um mich her immer mehr von demselben Leuchten wie wir erfüllt war. Dann kamen auf einem Waldweg noch einige leuchtende Gestalten. Eine von ihnen und die Fee liefen sich entgegen und umarmten sich und ich spürte, wie mich ein schmerzhafter, schwarzer Lichtstrahl durchzuckte und mein Leuchten erlosch. Die Fee und die Lichtgestalten gingen weiter, aber je mehr mein Leuchten abnahm, desto schwerer fiel es mir, ihnen zu folgen und schließlich konnte ich keinen Schritt mehr weitergehen und erstarrte.

Nun sitze ich hier auf diesem Fels und mein Leuchten ist erloschen. Auf meiner Haut beginnt sich eine feine, schwarze Kruste zu bilden. - Irgendwo in der Weite kreist der finstere Planet, der den Ring der Gefangenschaft um sich trägt. - Die Pflanzen scheinen verdorrt und leer. Ich gehe einen Felsenpfad entlang. Ich erreiche ein Felsental. Ich stehe nun in seiner Mitte und warte. Ich warte und warte. Hitze steigt in mir auf, ein Feuer hat sich entfacht, es tobt und zehrt und wütet und es durchbricht die schwarze Kruste und versickert im Sand zu meinen Füßen und mir schwindet das Bewußtsein.

Ich liege hier auf kaltem Fels. Das Schwarze hat sich wieder um mich geschlossen. Lange liege ich hier unbeweglich. Auf einmal fällt mir auf, daß sich das Tal über mir geschlossen hat und ich in einer Höhle liege. Ein schwaches, rötliches Leuchten geht von den Felsen aus, dessen Echo in mir wiederhallt und mein Feuer wieder entzündet. Die Felsen beginnen zu glühen, zu brennen und ihre Flammen rufen nach meinen, aber die schwarze Kruste ist zu hart geworden; sie bricht nicht auf. Und das Lebensfeuer wird Todesfeuer und verbrennt mich von innen und außen.

Meine Asche weht ruhelos umher, über Fels, über Sand, durch kahle Täler, öde Wüsten.

Der Abend dämmert und ein schwacher Wind weht mich in die Mitte eines Kreises aus stehenden Steinen in eine silberne Schale. Milder Tau füllt die Schale, Winde kreuzen sich über ihr, die Schwere der Erde erfüllt meine Asche, blitzende Flammen umgeben mich, die stehenden Steine beginnen zu leben und sie senden ihr Licht aus, das sich über der silbernen Schale zu einer leuchtenden Kugel sammelt, deren Mitte golden schimmert. Langsam sinkt sie in die Schale herab und ich fühle neues Leben in mir, als ihr Licht meine Asche umgibt und sie beginnt sich zu formen und allmählich entsteht aus der Asche ein neuer Körper.

Ich stehe nun vor der silbernen Schale; neugeboren. Doch ich weiß, daß ich nicht hier bleiben kann. Ich muß nach dem Feuer suchen - und nach der Fee. Als ich so in die Schale blicke, erscheint ihr Gesicht für einen Moment in ihr, doch es verblaßt schnell wieder.

Ich gehe zwischen zwei der stehenden Steine hindurch und ich spüre, wie sich die schwarze Kruste wieder bildet und alle Farben blasser werden.

Ich gehe weiter und weiter, die Farben des Lichtes wechseln, Bilder tauchen vor mir auf und vergehen; Bäume, Berge, Wiesen, Vögel, Kinder. Dann ein Mädchen, das der Fee ähnlich sieht. Ich strecke meine Hand nach ihr aus und sie ergreift sie und umarmt mich. Sie will mir Wärme schenken, doch da taucht vor mir das Bild der Fee auf und die schwarze Kruste wird härter und wird kalt. Sie sitzt neben mir und streichelt traurig meine Hand.

Da erscheint vor mir eine Gestalt in einem schwarzem Gewand mit schwarzer Kapuze. Ich kann sein Gesicht nicht sehen. Der Schwarze betrachtet mich und reicht mir dann drei Ringe, einen schwarzen, einen silbernen und einen goldenen und ich weiß, daß ich einen wählen soll. Ich will den schwarzen ergreifen, doch das Mädchen nimmt den silbernen, steckt ihn erst an ihre Hand, küßt ihn, und dann an meine. Ich spüre, wie die Kruste um mich schwächer wird und ich wieder Wärme spüre und allmählich vergesse ich mich und um mich her ist nur noch Geborgenheit. Da nahen lachende Kinder und Jungen und Mädchen und eines der Mädchen umarmt uns beide und gibt uns beiden einen Kuß. Alle spielen und tanzen, doch ich stehe abseits. Das Mädchen und ein Junge reichen mir die Hand zum Reigen, doch ich drehe mich um und gehe davon. Ich schaue auf meine Hand: ich trage den schwarzen Ring.

Ich treffe Mädchen und Freunde, doch bald gehen sie oder ich wieder fort. Und die Wälder werden seltener, ich höre keine Vögel mehr, ich sehe keine Blumen mehr. Eines Abends sehe ich das Bild der Fee vor mir, aber es ist unbeweglich, starr. Als ich am Morgen erwache, bin ich völlig vom Schwarzen umgeben und um mich her ist Wüste und kaltes Licht. Lange Tage sehe ich nichts als Sand und Fels.

Immer erschöpfter zog ich weiter, immer weiter, tagaus, tagein, bis ich vor Schwäche zusammenbrach. Da sah ich vor mir einen roten und einen grünen Drachen kämpfen und die Erde tränkte sich mit Blut und bald lagen beide tot und ihre Leiber verwesten und glühten vom eigenen Feuer. Und in ihnen entstand ein Leuchten und ich sah ein Ei, das zerplatzte und aus ihm stieg ein Adler in die Lüfte empor.

Und ich sah ein Mädchen auf mich zukommen und ich umarmte sie und ich sah, wie sich ihr Gesicht veränderte, jetzt war sie die Fee, nun das Mädchen, das mir den silbernen Ring gab, nun mein Freund, dann wieder ein anderes Gesicht, einmal mein eigenes und schließlich wieder ihres. Aber es wurde älter und älter und starb und verweste in meinen Armen und ich begann zu schreien und erwachte in der Wüste.

Und ich sah einen dritten Traum: Ich war ein Falke und kreiste hoch oben über dem Land am Himmel und flog der Sonne entgegen und das Licht der Sonne stärkte mich.

Als ich erwachte, ging ich voller Ahnungen weiter und nun stehe ich hier in der Wüste vor einem Kreis aus Feuer. Die Flammen sinken an einer Stelle und ich betrete den Kreis und sofort schließt sich die Waberlohe wieder um mich. Etwas in mir drängt mich zum Sprechen: "Im Namen des Herrn des Feuers, Salamander, gebt mir Willen und Kraft für meinen Weg; im Namen der Göttin der See, Undinen, kommt und reinigt meine Seele und pflegt ihre Wunden; im Namen des Herrn der Winde, Sylphen, kühlt meine Stirn und klärt meine Gedanken; im Namen des Erdgeistes, Gnomen, stärkt meinen Körper und gebt meinen zagenden Schritten Sicherheit und Ausdauer!" Hitze und ein Prickeln und ein Gefühl von Stärke steigt in mir auf und durchflutet mich. Langsam erlischt der Flammenkreis und vor mir steht der Schwarze und ich sehe in seiner Hand den schwarzen und den goldenen Ring und an meiner Hand den silbernen und ich weiß, ich kann nun zurückkehren. Er streicht über meine Augen und als ich sie wieder öffne, stehe ich auf einer Wiese. Seine Gestalt löst sich allmählich auf. Sie scheint mir nicht mehr so finster wie vorher zu sein. Er sendet mir, bevor er fort ist, noch ein Bild: ein furchteinflößendes Tor, auf das mein Weg zuführt; Er ist das Tor und das Tor ist der schwarze Ring und ich stehe in dem Ring und fürchte mich, mich ihm zu nähern und stehe in seiner Nähe und wage nicht, ihn zu verlassen und habe Angst, mich zu verlieren.

Die schwarze Kruste ist blasser geworden.

Kinder, Mädchen und Jungen in ihren schönsten Kleidern und Gewändern kommen und nehmen mich mit auf ein Schloß, auf dem ein Fest gefeiert wird. Wir tanzen und singen und lachen bis in den späten Abend. Ich gehe wieder fort und lege mich in einem Birkenwald schlafen.

Wieder stiegen Bilder empor. Vor mir stand der Schwarze und zeigte mir den Tod; grausam und erlösend, schreiend und still, unerwartet und ersehnt kann er sein.

Dann erschien die Fee, setzte sich neben mich und strich mit ihren Händen über meinen Körper und ich fühlte, wie Leben in ihn einströmte. Nach einer Weile gab sie mir einen Kuß und ging wieder fort.

Es ist wieder Abend und ich blicke zurück. Ich habe die Menschen hier liebgewonnen, aber ich lebe nicht bei ihnen; des nachts kehre ich immer in den Birkenwald zurück. Ich denke an das Mädchen, das mir den Silberring gab.

Träume entstehen vor meinem inneren Auge. Ich liege im Tal des Feuers und wieder schließt es sich über mir und die Felsen beginnen zu glühen und rufen das Feuer in mir. Diesmal ist es stärker als der schwarze Ring und es durchbricht ihn und ich sterbe und mein Feuer durchströmt das Feuer der Felsen und ich werde neugeboren als Wesen von Feuer, als Schmetterling aus einer Raupe.

Ich stehe vor einem Tor aus schwarzem Kristall, das von Flammen verschlossen wird und auf der anderen Seite steht die Fee und winkt. Da springe ich durch das Feuer, aber als ich mich umschaue, stehe ich noch auf derselben Seite wie vorher. Und ich springe wieder und wieder, aber ich kann nicht zu ihr gelangen.

Es ist Morgen. Die Kinder und ein paar Mädchen und Jungen sind gekommen und sind mit mir in Richtung Sonnenaufgang gewandert. Wir haben drei Flüsse durchwatet und nun stehen wir auf einem felsigen Bergrücken vor einem weißen, marmornen Tempel und ich weiß, daß es der Tempel der Wandlungen ist. Die Kinder führen mich zwischen zwei Säulen hindurch in eine Säulenhalle. Dort beginnen sie einen Tanz, den ich noch nie gesehen habe; sie scheinen alle zu schweben und sich selbst und alles um sich her vergessen zu haben und auch ich beginne zu tanzen und allmählich bin ich nur noch Schweben, Bewegung, wie eine Woge, wie ein Ton eines Liedes tanzen wie alle. Da erscheint die silberne Scheibe des Mondes vor mir und sagt mir, ich könne mich in drei Dinge verwandeln. Ich wähle den Falken, eine Blume und eine Melodie und sogleich fliege ich hoch oben und ziehe über Wälder und Seen und Meere und Berge und sehe, wie alles zusammenwirkt, der Regen, der Wind und der Sonnenschein, wie keine Pflanze, kein Vogel alleine lebt und alle ein Teil eines großen Lebewesens sind.

Ich werde zu einem Samenkorn und ruhe in der kalten Erde.
Dann erwärmt das Sonnenlicht den Waldboden und ich sauge die
Kraft der Erde in mich auf und sprieße und. grüne. Die Erde und
der Regen sind mein Vater und meine Mutter und die Sonne hat mich
zu neuem Leben erweckt und läßt mich erblühen.

Und ich wandle mich und werde zu einer Melodie und schwebe
schwingend durch die Luft und das Licht, unbegrenzt und schwerelos,
und ich wachse, meine Töne werden weiter und fröhlicher und alles
ist von einer Melodie erfüllt.

An den leuchtenden Augen der Tanzenden sehe ich, daß sie wissen, daß ich nun auch einer von ihnen bin.

Ich habe den Birkenwald verlassen und bin bei ihnen geblieben.
Wir schlafen alle hier auf einer Wiese am Ufer eines Sees.

"Drei Fragen mußt du beantworten," spricht der Schwarze, der
mir jetzt schon fast wie ein Freund geworden ist, "Was bist du?
Was ist ein anderer Mensch? Was ist Leben?" - "Wie willst du mich
erreichen, wenn du dir selber ferne bist?", spricht die Fee.

Wenn ich mit den Kindern zusammen bin, fühle ich das Leben
zwischen uns, es ist, als wären wir Teile eines Wesens, aber
keine einzelnen Wesen mehr.

Ich muß das Licht suchen, ich muß die drei Antworten finden,
ich will leuchten! Lange dachte ich nach, bis ich wußte, wo
ich suchen mußte, und dann rief ich ihn: "Komme, Schwarzer, komme
zu mir, komme, Hüter der Ringe!" - "Was willst du von mir?" -
"Den goldenen Ring." - "Den schwarzen Ring und den silbernen
Ring gab ich dir, aber der goldene Ring bleibt an meiner Hand;
doch wenn du willst, wird er auch deine Hand schmücken." -

Da gehe ich auf ihn zu und mein Körper dringt in den seinen
ein und beide verschmelzen und seine Finsternis löst sich in
Licht auf, das mich erfüllt wie eine alte, langvermißte Melodie
und ich habe das Gefühl zu erwachen und heimzukehren. Ich sehe
eine Kugel aus Kristall, ich sehe das Abendrot, ich sehe einen
kleinen, stillen, verborgenen See; hier sind meine Wurzeln,
hier ist das Samenkorn, aus dem ich entstand, hier bin ich,
dies bin ich, ich bin ich, ich bin ich.

Und ich spüre, daß ich die erste Antwort gefunden habe.

Ich werde wieder Falke und fliege zu den Sternen empor, immer
höher und höher, bis zu dem grünen und dem roten Planeten

und hole das Licht des Feuers und das Licht des Wassers und
sie entzünden sich in mir und kämpfen miteinander und werden das
Licht der Schatten, aber aus ihnen wird das Licht der Winde ge-
boren und meine Schwingen werden breiter, mein Körper kräftiger
und meine Augen klarer.

Ich sehe Sterne und Sonnen kreisen und werde selber eine Son-
ne und ich sehe Planeten und Monde, Kometen und Meteore ihre
Bahnen ziehen; jeder für sich, jeder mit allen, jeder in seiner
Bahn, jeder von jedem gelenkt, in endlosen Kreisen, jeder eine
Sonne, jeder ein Stern, jeder ein Wille, jeder ein Wille, jeder
ein Ich, jeder ein Ich.

Und ich spüre die Willen der anderen, die mich anziehen und bewegen, und meinen Willen, der sie zu mir lenkt; und alle kreisen
wir um das Leuchten in unserer Mitte, zu dem wir alle streben,
von dem wir alle kommen, zu dem, was uns entstehen ließ, uns
Leben gab, das, was uns zueinanderzieht; unser Sehnen zueinander
ist unser Leben und dies Sehnen bestimmt unseren Weg, unseren Weg
zu dem Licht.

Ich liege an dem kleinen See, an dem ich die Fee zum ersten
Mal traf und ich spüre das Leuchten in mir, das mich erfüllt
und das um mich strahlt. Die Fee und noch drei leuchtende Gestalten kommen auf mich zu und wir umarmen uns und ich bin übervoll
von Glück. Arm in Arm gehen wir den Weg, den ich vor langer Zeit
(Tagen? Jahren? Leben?) nicht gehen konnte und wir kommen an
einen See, in dessen Mitte ein kreisrunder Tempel mit weißen
Säulen und goldener Kuppel steht und zu dem eine lange, marmor-
ne Brücke führt. Als wir in den Tempel der Sonne eintreten, sehe
ich, daß er von hellem, ruhigem Licht erfüllt ist. Am anderen Ende
der Halle steht ein weißer Altar und links hinter ihm eine schwarze, von Wolken gekrönte Säule und rechts hinter ihm eine von Flammen bekränzte Säule. Hoch oben in der Mitte über ihnen schwebt eine strahlend-helle Kugel, von der alles Licht ausgeht und auf hal-
ber Höhe zwischen den Säulen leuchtet die goldene Sonnenscheibe
und ich fühle, daß in ihr die Liebe ist. Auf dem Altar steht
eine silberne Schale, in der eine einzelne Seerose schwimmt.
Ich trete zum Altar und hebe den Kelch empor und ein goldener
Strahl der Sonne erfüllt mein Herz.

In weiter Ferne zieht ein dunkelroter Planet seine langen Kreise.

Der Tod

Der Körper stirbt in Schmerzen
Doch ist er nur der Seele Tor
Er trug ihr Licht im Herzen
Und neue Blüten wachsen aus dem toten Leib empor

In der Liebe Umarmung fanden sie den Tod
Sie sind vom Schmerz der Trennung nun genesen
Sie sind erlöst von aller Not
Neugeborn, vereint in einem Wesen

Er ruft und fleht zum Gott der Sonne
Verliert sich ganz und stirbt und gibt sich hin
Durchströmt von goldnen Lichtes Wonne
Ohne Leid um Ziel und Sinn

Die finstre Drei
Trennt die sich sehnende Zwei
Erst in schwerem Leid gestorben
Sind sie nun in Eins geborgen

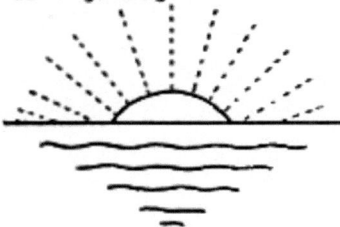